广东省教育教学成果（基础教育类）一等奖
"幼儿个别化学习的'支架式'课程体系的研究与建设"成果之一

幼儿园区域活动
——环境创设与活动设计方法
（第二版）

王微丽　主编

中国轻工业出版社

图书在版编目（CIP）数据

幼儿园区域活动：环境创设与活动设计方法／王微丽主编．—2版．—北京：中国轻工业出版社，2022.10（2024.2重印）
ISBN 978-7-5184-3970-6

Ⅰ.①幼… Ⅱ.①王… Ⅲ.①幼儿园－环境设计 Ⅳ.①G617

中国版本图书馆CIP数据核字（2022）第067794号

保留所有权利。非经中国轻工业出版社"万千教育"书面授权，任何人不得以任何方式（包括但不限于电子、机械、手工或其他尚未被发明或应用的技术手段）复印、拍照、扫描、录音、朗读、存储、发表本书中任何部分或本书全部内容，以及其他附带的所有资料（包括但不限于光盘、音频、视频等）。中国轻工业出版社"万千教育"未授权任何机构提供源自本书内容的电子文件阅览、收听或下载服务。如有此类非法行为，查实必究。

责任编辑：吴　红　　　　责任终审：高惠京
文字编辑：李芳芳　　　　责任校对：刘志颖
策划编辑：吴　红　　　　责任监印：吴维斌

出版发行：中国轻工业出版社（北京鲁谷东街5号，邮编：100040）
印　　刷：三河市双升印务有限公司
经　　销：各地新华书店
版　　次：2024年2月第2版第2次印刷
开　　本：710×1000　1/16　印张：20.75
字　　数：170千字
印　　数：5001—8000
书　　号：ISBN 978-7-5184-3970-6　定价：78.00元
读者热线：010-65181109
发行电话：010-85119832　　010-85119912
网　　址：http://www.chlip.com.cn　　http://www.wqedu.com
电子信箱：1012305542@qq.com
版权所有　侵权必究
如发现图书残缺请拨打读者热线联系调换
240075Y1C202ZBW

本书编者

主　　编：王微丽

副 主 编：何红漫　范　莉

执行编写：王微丽　何红漫　刘　隼　卓瑞燕　叶际明
　　　　　戴文婷　莫少毅

参与编写：游咏梅　黄飞舟　邓丽霞　成伟丽　姜　岩
　　　　　聂晓慧　胡　敏　高　虹　张艳茹　秦小萍
　　　　　曾立群　赵文琪　骆颖婕　石金霞　饶映灵
　　　　　葛　馨　杨松青　郑宇妍　刘　芳　熊丽莹

第二版前言

记得2013年年初,我们决定成立幼儿园"课程中心",准备对当时已历经13年的课程探索与研究经验进行文字总结并出版发行时,曾对"课程中心"的三名教师说过:"既然我们要带领教师以出版专著的方式进行课程实践总结,就一定要写一本让所有一线教师看得懂、用得着的书,否则,就是浪费纸张,也没有意义。"如今,《幼儿园区域活动——环境创设与活动设计方法》一书自2014年3月第一次出版至今的8年当中,进行了13次重印,足以说明此书能有效帮助和支持幼儿园一线教师设计与开展区域活动,也证明了这是一本一线教师所需要的教育著作。其间,曾有不少熟悉的园长告诉我:你们一定要继续撰写关于各个区域材料投放实例的书,为一线教师提供更具体的支持。为此,2016年9月至2020年3月,我园"课程中心"再次组织全园教师,总结梳理各自所擅长的区域材料实例,用简单易懂的文字和照片进行图文并茂的表达与呈现,陆续撰写出版了与本书相关联的"幼儿园区域活动材料丛书"——《幼儿园生活区材料设计与评价》《幼儿园语言区材料设计与评价》《幼儿园数学区材料设计与评价》《幼儿园科学区材料设计与评价》《幼儿园社会区材料设计与评价》《幼儿园艺术区材料设计与评价》。这套书共6册,从各领域区域设计理论到具体实践操作,更为全面系统地为一线教师提供可借鉴、可复制的区域材料范本。丛书出版既让我们完成了同行的期待,也更好地提升了我园区域课程。2017年,我园课程"支架幼儿个别化学习课程体系建设与研究"获得"广东省基础教育教学成果奖一等奖"的殊荣,《幼儿园数学区材料设计与评价》获深圳市第四届教育教学科研优秀成果专著二等奖，成为本次获奖项目中唯一的一本学前教育论著。

"赠人玫瑰，手有余香"。我们以力所能及的方式与同行分享专业研究经验的过程，也是进一步提升和完善我园园本课程实践、提高教师队伍专业素养的过程。《幼儿园区域活动——环境创设与活动设计方法》出版发行后的8年中，我园教师围绕课程建设申报了省、市、区十多项教育科研课题，在国家级学术期刊上发表了10余篇相关论文，出现了一批在反思性实践基础上的研究型教师，也保持了我园课程的创新与可持续性发展，产生了不少具有推广价值的新观念和新经验，这些新观念和新经验也是本书第二版的动力和资源。

《幼儿园区域活动——环境创设与活动设计方法》一书的修订工作从2021年3月开始。在修订过程中，我们反复与中国轻工业出版社"万千教育"编辑部吴红老师沟通商议确定：保持本书第一版原有的理论与实践两部分结构；对书的整体框架、章节及标题仅做微调；结合后期提升的经验和理念对理论部分进行优化，使其更符合当前学前教育发展的需要；结合我园近8年来课程的创新发展，对实践案例部分进行较大的调整。全书90%的案例重新优选于我园及由我园派出团队承办的光明区第四幼教集团科裕幼儿园实践现场，以最具推广价值与代表性的案例进行呈现，以给予新时代学前教育工作者更好的实践启示。另外，本书修订后与"幼儿园区域活动材料丛书"（6册）中的理论与实践案例实现了有效联动与互补，可为更多一线教师创设区域环境与开展区域活动提供更为全面、系统、有效的借鉴蓝本。

时光荏苒，岁月更迭。在《幼儿园区域活动——环境创设与活动设计方法》第二版定稿之时，我再次为该书撰写前言，回想起2014年为该书第一版撰写前言时发自内心的感恩之情。我至今仍深深地感念陪伴我们走过20多年课程建设之路，给予我们专业引领与信任的北京师范大学霍力岩教授，感念曾参与指导我园课程的上海师范大学李辉教授、香港教育大学杨伟鹏博士及正在香港中文大学就读的秦晗博士。我也感谢欣赏、鼓励与理解我们的历届

领导与深圳同行;更感激20多年来坚持探索实践,持续保持专业成长的深圳市莲花二村幼儿园教师团队,尽管他们当中有不少人已经离开,承担着新的角色与使命,但看到他们带着莲花幼教的基因在不同的岗位上努力探索教育实践,为实现"幼有善育"的深圳学前教育发展目标贡献力量,我的心中常有一份充实与温暖。

最后,由衷地感谢"万千教育"编辑部吴红老师对我们的信任,使我们有机会将近年来的专业研究再次与大家分享,期待广大关心和从事学前教育工作的专家、同行和读者不吝指正。

王微丽

2022年3月于深圳

第一版前言

　　《幼儿园区域活动——环境创设与活动设计方法》一书终于付梓。于我来说，这本书既像是自己的孩子，又像是自己的师长。把它比喻为孩子，是因为时至今日，孕育它的艰辛依旧挥之不去。说它是师长，是因为它清晰而真实地在我面前，沉甸甸地记录着我们曾经的研究与探索，展现着教师们的专业素养和教育智慧，它就是教师在区域环境创设中与孩子共同成长的缩影。而记录下这些教育历程的人，正是这群幼儿园一线教师。他们在十多年的实践性研究的基础上，通过专家指导，本着科学的态度，运用通俗的语言，悉心整理，汇集成十多万字的教育著述，实属不易，其中的付出我们甘苦共知。在此，由衷地向我至爱的老师们致敬！

　　深圳市莲花二村幼儿园从2000年开始，在北京师范大学霍力岩教授及其教育团队的引领与指导下，大胆尝试，勇于挑战，开始了对幼儿园区域环境创设与活动设计的研究。我们以蒙台梭利教学法为区域环境创设的最初架构，吸收了高宽课程理论和多元智能理论的相关思想，不断拓展和丰富区域环境内容。同时，结合《幼儿园教育指导纲要（试行）》和《3—6岁儿童学习与发展指南》的精神，进行本土化研发，融合国内外诸多教育方法之优势，逐渐探索出符合我国国情，具有本土化特色的幼儿园区域环境创设与活动设计模式。

　　纵观国内外学前教育，尊重幼儿发展的需要，尊重幼儿的个体差异，是当前学前教育界最基本的共识，而区域活动充分尊重了幼儿个体对学习内容、学习方式、学习节奏的选择，正是对这一共识的具体落实。特别是幼儿在区域活动中通过自主操作、独立思考、合作分享所养成的优良学习品质，在进入小学、中学以后能够持久保持。在我园十多年的区域活动教育实践中，一批批走出幼儿园的孩子，在后继学习和成长中所表现出的良好适应性，使我们对区域环境创设与活动设计的重要性和必要性有了更为深刻的理解，这也是我园教师一直坚持优化区域环境、丰富区域材料的直接动力。

在本书的撰写过程中，我们思考得最多的就是：对于从未接触过区域环境创设与活动设计的幼儿教师来说，面对空空如也的教室，如何为幼儿创设适宜的区域环境？如何做好对区域活动全过程的设计与指导？全书分"理论篇"与"实践篇"两个部分。"理论篇"以区域活动的概述，区域环境的准备与创设，区域材料的投放与研究，及区域活动的组织与开展、分析与评价为切入点，较为系统地阐述了区域环境创设与活动设计的全过程，尽量做到语言简洁，易于理解，如"让学习操作化、规则隐性化、评价过程化、分享情境化"等。在"实践篇"，从预备区域、基本区域、创意区域、延伸区域的角度，对每一个区域的内涵、目标、框架等，结合案例进行了富有条理且翔实的记录。书中所使用的框架图、评价表格、不同年龄段的典型案例等均来自我园教师的教学实践，由于篇幅所限，每个区域我们仅选了3~4个案例，意在说明本区域的材料特点与操作方式具有一定的指导性。相信广大幼教工作者能以此书为鉴，设计与开发出更多适宜幼儿年龄特点和发展水平的区域操作材料，更好地指导幼儿区域活动的开展。

编撰本书时恰逢教育部下发《3—6岁儿童学习与发展指南》（征求意见稿）。它提出的"珍视幼儿生活和游戏的独特价值，充分尊重和保护其好奇心和学习兴趣，创设丰富的教育环境，合理安排一日生活，最大限度地支持和满足幼儿通过直接感知、实际操作和亲身体验获取经验的需要"这一原则，以及对各领域内容与要求的诠释，对本书的撰写具有极大的指导意义。我们也期待借由此书，能够带给广大幼教同行新的教育思考，更希望得到大家的指教。

第一版前言

最后,感谢一直关心和帮助我们的专家、领导、同行、家长朋友们。感谢霍力岩教授、李辉教授、赵琳副教授,他们的不离不弃,让我们在研究的过程中不迷失;感谢深圳市投资控股有限公司幼教管理中心的林瑛熙主任及诸位领导,他们的支持与鼓励让我们能够自信地坚持;感谢曾经走近我们,并给予我们赞赏与支持的同行兄弟姐妹,他们的欣赏让我们更加努力;感谢家长朋友们,他们的信任让我们愿意在区域环境创设与活动设计这条路上不断探索;更要感谢我亲爱的老师们,十余年来他们在区域环境创设与活动设计中的智慧付出,凝聚成对孩子全部的爱和对幼教工作的赤诚之心,我为拥有这样优秀的教师团队而深感荣幸和自豪,更感动于他们仅用半年的时间就将本书撰写完成的执着和勇气。

这本书既是我们一个阶段的总结,亦将是我们新的起点,我们会始终践行"让孩子在幼儿园的每一天快乐且有价值"的教育承诺,继续坚守教育理想,为推进幼教事业的发展再尽绵薄之力。

王微丽　范莉
2013 年 9 月

目录

理 论 篇

第一章 区域活动概述 ··· 3
　第一节　区域活动的核心含义 ··· 4
　第二节　区域活动的本质特征 ··· 7
　第三节　区域活动的发展走向 ··· 10
　第四节　区域活动的创新模式 ··· 15
　第五节　区域活动的设置体系 ··· 24
　第六节　区域活动的基本步骤 ··· 29

第二章 区域环境的准备与创设 ··· 35
　第一节　区域环境的规划原则 ··· 35
　第二节　区域环境的规划方法 ··· 39
　第三节　区域环境中标识的指引 ······································· 46

第三章 区域材料的投放与调整 ··· 53
　第一节　材料的关键特性 ··· 53
　第二节　材料的年龄适宜性 ··· 58
　第三节　材料的设计原则与思路 ······································· 62
　第四节　材料的调整 ··· 72

第四章　区域活动的组织与开展 ······ 79
第一节　活动的规则解析 ······ 79
第二节　教师指导的重新界定 ······ 82
第三节　活动的开展与实施 ······ 85

第五章　区域活动的分析与评价 ······ 107
第一节　方式的适切性研究 ······ 107
第二节　对象的多元化评价 ······ 120

实　践　篇

第六章　预备区域 ······ 143
第一节　生活区 ······ 143
第二节　感官区 ······ 157
第三节　生态区 ······ 169

第七章　基本区域 ······ 181
第一节　语言区 ······ 181
第二节　数学区 ······ 194
第三节　科学区 ······ 206
第四节　社会区 ······ 218
第五节　艺术区 ······ 231

第八章　创意区域 ······ 251
第一节　公共艺术区 ······ 251
第二节　建构与机械区 ······ 270

　　　第三节　社会理解区……………………………………279
　　　第四节　沙水区……………………………………………287

第九章　延伸区域………………………………………………297
　　　第一节　拓展区……………………………………………297
　　　第二节　特别研究区………………………………………306

后记………………………………………………………………313
主要参考文献……………………………………………………315

理 论 篇

一 区域活动概述

二 区域环境的准备与创设

三 区域材料的投放与调整

四 区域活动的组织与开展

五 区域活动的分析与评价

区域活动是目前在我国学前教育领域比较盛行的一种课程模式。本书将围绕"如何创设与指导幼儿园区域活动"这一问题展开探讨。全书共分为两大篇：理论篇与实践篇。

理论篇主要对幼儿园区域活动的理论部分进行阐述，共分为五章。

- 第一章对区域活动进行了基本的概述，主要探讨了区域活动的核心含义、本质特征、发展走向、创新模式、设置体系以及基本步骤。

- 第二章具体介绍区域环境的准备与创设，主要包括区域环境的规划原则、规划方法以及标识的指引等内容。鉴于环境在区域活动中所占据的重要位置，这一章主要讲述区域活动的基本环境，并没有涉及区域材料，而材料是区域环境最基本的要素。

- 第三章对区域材料的投放与调整进行了介绍，主要包括材料的关键特性、材料的年龄适宜性、材料的设计原则与思路以及材料的调整等方面。

- 第四章对区域活动的组织与开展进行描述，主要阐述区域活动的规则、教师的指导以及如何在初始阶段及每日开展与实施区域活动。

- 第五章探讨如何分析及评价区域活动，主要介绍了如何采用多元化的评价方式对区域活动过程以及结果进行评析，并进一步论述了如何多角度地评价区域活动中的幼儿与材料。评价是区域活动不可缺少的环节，也是不断完善区域活动的关键要素。

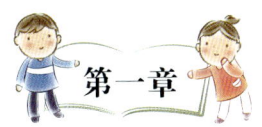

第一章

区域活动概述

20世纪80年代,区域活动从美国引入我国,并在我国幼儿园教育实践中逐步兴起。最初它以美国的"开放教育"为基本理念,为幼儿创造相对开放且独立的活动空间,让幼儿在自由的环境下主动操作和探究。改革开放以来,我国的一些幼儿园相继开展了区域活动。

1999年,国务院颁布了《基础教育改革纲要(试行)》,这次课程改革的核心目标是改变课程过于注重知识传授的倾向,倡导让学生主动参与、乐于探究、勤于动手。2001年9月,教育部正式颁布并实施《幼儿园教育指导纲要(试行)》(以下简称《纲要》),提出了"深入实施素质教育"的指导思想,并强调"以游戏为基本活动,保教并重,关注个别差异,促进每个幼儿富有个性地发展",而区域活动的教育理念与形式符合课改以及《纲要》要求,区域活动成为国内很多幼儿园课程改革首选的模式之一,但由于人们对区域活动的理解不够,很多时候区域活动流于形式,在教育实践中并没有发挥它的真正价值。

2012年教育部又颁发《3—6岁儿童学习与发展指南》(以下简称《指南》),专门强调"理解幼儿的学习方式和特点。幼儿的学习是以直接经验为基础,在游戏和日常生活中进行的。要珍视游戏和生活的独特价值,创设丰富的教育环境,合理安排一日生活,最大限度地支持和满足幼儿通过直接感知、实际操作和亲身体验获取经验的需要,严禁'揠苗助长'式的超前教育和强化训练"。区域活动强调为幼儿提供一个自由而有准备的活动空间,让每个幼儿都能在这个环境中选择适合自己需求的操作材料,并以其特有的方式与环境互动。区域活动以个别化探究的教育形式尊重了个体差异,以物化的操作实现了教师指导的隐性化,从而让教师更有时间和精力对儿童进行个别化的指导,促进幼儿个性化发展。区域活动所倡导的幼儿活动与学习方式与

《指南》精神高度一致，使越来越多的研究者开始深入研究区域活动的相关理论，并深入一线进行实践探索活动，因此区域活动在我国取得了长足的发展。

在借鉴、吸收、融合国内外多种优秀教育理论，深入剖析各类型区域活动优劣势，探索区域活动在中国发展的新思路和新模式的基础上，本书将对区域环境创设及活动设计展开探讨。

第一节　区域活动的核心含义

区域活动是幼儿园教学中最能体现幼儿自主活动的一种组织形式，在促进幼儿全面发展方面所起的作用不容忽视，因此，各个幼儿园均把它作为教学的重要手段。但由于区域活动依据的教育理念以及教育实践不同，各幼儿园对区域活动内涵的理解也各不相同。

一、区域活动的基本概念

关于区域活动的内涵，国内外众多学者从不同角度提出了自己的观点。在我国，幼儿园区域也称为"区角""活动区""学习区"或"游戏区"等。结合各专家的观点及国内的区域研究实践，本书将区域活动定义为："借鉴、融合优秀教育理念，根据《幼儿园教育指导纲要（试行）》和《3—6岁儿童学习与发展指南》精神及教育目标，尊重幼儿身心发展规律和学习特点，以幼儿的实际需求为依据，设置各活动区域；为幼儿提供系统、适宜的区域材料，使幼儿在自主选择和主动学习的过程中，通过与环境的有效互动获得个性化的发展。"

二、区域活动的指导思想

任何一种课程模式都建立在一定的理论与实践的基础之上。区域活动是目前国际上普遍采用的一种课程模式，因而幼儿园在寻找理论依据时必须放眼全球，才能把握区域活动最先进、最优秀的理念。同时，各幼儿园在实践上只有立足本土,才能使区域活动具有发展的根基,才能使其成为一种可持续发展的课程。

(一)全球化视野——借鉴与融合世界优秀教育理念

区域活动最初起源于西方国家,随着区域活动的发展,区域活动逐渐在全球范围内兴起,在教育理念上获得了长足的发展。因此,要研究区域活动,研究者必须拥有国际化的视野,才能借鉴和融合世界优秀课程理念与教育实践,才能站在更高的角度,以更新的视野进行实践研究。

我们深入研究了全球重要的区域活动教育理念和区域课程模式,如瑞吉欧教育理念、方案教学、多元智能理论、蒙台梭利的区域活动思想、高宽课程中的区域活动思想以及光谱方案中的区域活动思想。在众多教育理念中,蒙台梭利教育法可谓历久弥新,对世界的学前教育具有重要影响,它强调能力教育、环境教育以及自我教育,尊重幼儿的个性化发展。高宽课程诞生于20世纪60年代,经过半个多世纪的建构、解构与重构,已经成为当今世界学前教育领域举足轻重的优秀的幼儿课程模式。它以帮助儿童学会主动学习为基本价值取向,以计划、行动和反思的活动教学为基本组织形式。[1]多元智力理论是20世纪90年代以来世界教育教学改革的重要指导思想,它认为每个人的智力都有自己的特点和独特的表现形式,而个体智力发展的方向受环境与教育的影响,因而教育应该尊重每个幼儿的智力风格,采用多种教育手段,使每个幼儿的智力强项都能发挥出来。这几种教育理念都尊重幼儿个体差异,都建议通过创设丰富的环境,促进幼儿富有个性化的发展。

在审视全球优秀课程理念的基础上,在观察和剖析幼儿园实践的基础上,本书将操作性强的蒙台梭利教育法、高宽课程理论和多元智能理论进行有机结合,形成了以蒙台梭利教育法为基础、借鉴高宽课程理论和多元智能

---

[1] 爱泼斯坦. 学前教育中的主动学习精要——认识高宽课程模式[M]. 霍力岩,等,译. 北京:教育科学出版社,2012:1.

理论的区域活动。当然，本书同样也会运用其他教育理念（如皮亚杰认知发展理论、维果茨基"文化—历史"发展理论）来发展区域活动，只有这样，才能真正建构具有国际视野的区域活动教育理念。

（二）本土化行动——落实《纲要》与《指南》精神

区域活动的实践研究在借鉴、融合各优秀教育理念的基础上，以开放的态度、科学的精神吸收各优秀教育理念的精髓，并将其落实到本土化实践中。因此，放眼全球的最终目的是"立足本土"，在本土化的实践研究中发展与创新各优秀理论。立足本土的区域活动体现了教育实践的针对性、实用性以及可持续发展性。

《纲要》和《指南》是依据我国社会经济背景以及学前教育发展状况而制定的，是当前我国幼儿园教育改革和发展的重要依据，本土化行动最重要的是全面将《纲要》精神转化为具体的区域活动实施方案。

将《纲要》总则中强调的"因地制宜地实施素质教育，为幼儿一生的发展打好基础""使他们在快乐的童年生活中获得有益于身心发展的经验""关注个别差异，促进每个幼儿富有个性地发展"，以及《指南》中明确指出的"以为幼儿后继学习和终身发展奠定良好素质基础为目标，以促进幼儿体、智、德、美各方面的协调发展为核心"等作为指导思想，树立正确的儿童观和教育观。通过创造适宜的区域活动环境，促进幼儿主体性、探究性、独特性以及创造性的发展，同时在组织形式上采用个别探究的方式，尊重幼儿的个体差异性。

《纲要》中将幼儿的教育内容相对划分为健康、语言、社会、科学、艺术等五个领域，并强调各领域的相互渗透。在区域活动实践中，也相应设置了生活区、语言区、社会理解区、科学区以及艺术区，并注重各区域之间的积极对话。

依据《纲要》"组织与实施"中教师的角色定位，区域活动中教师的角色也发生了转变。教师是幼儿学习的环境创造者、观察者、合作者、支持者和引导者。

评价体系是区域活动的重要组成部分，通过科学的评估方式可以更好地了解课程教育效果和儿童发展状况，从而使课程发展更具有针对性。依据《纲要》中的教育评价，我们在本书中尝试建立多元化的区域活动立体评价体系。在评价方式上，教师可采用动态化、个人化、情景化等方式。在评价对象上，教师可对幼儿进行全面综合的评价，包括知识、技能、态度、情感、能力等方面。

继《纲要》颁布后，《指南》作为在教育实践中更具明确性、可操作性的教育指引文件，在"说明"中明确指出："重视幼儿的学习品质。幼儿在活动过程中表现出的积极态度和良好的行为倾向是其终身学习与发展所必需的宝贵品质。要充分尊重和保护幼儿的好奇心和学习兴趣，帮助幼儿逐步养成积极主动、认真专注、不怕困难、敢于探究和尝试、乐于想象和创造等良好的学习品质。忽视幼儿学习品质的培养，单纯追求知识技能学习的做法是短视而有害的。""培养幼儿的学习品质，促进儿童主动学习"已经成为国家层面的要求，区域活动呈现的幼儿自主选择、独立操作的活动形式与氛围，为幼儿提供了更多的自主探究空间，促进幼儿的实践能力和创造能力的发展，支持幼儿良好学习品质的形成，真正实现为幼儿的后继学习奠基。

第二节　区域活动的本质特征

当今社会是一个多元发展的社会，幼儿教育课程模式也更加多元化。区域活动是目前比较盛行的课程模式，与其他课程形式相比，区域活动是真正在"导师"的引导下的、在"有准备的环境"中进行的"关注个别差异、促进每个幼儿富有个性地发展"的幼儿园教育活动形式。而这些特点也使区域活动成为一种促进幼儿全面发展的适宜性课程。

一、区域活动是差异化教育

"区域活动"是一种有别于以往班级授课制的新型教育组织形式。这种新型的教育组织形式不再是儿童在一个班级里由一个或几个教师统一授课,而是儿童组成兄弟姐妹式的"儿童之家",在"儿童之家"操作教师所提供的涉及不同教育内容、适合不同发展水平的幼儿的活动材料,参与体现差异化的"区域活动"。从这个角度出发,"区域活动"是一种尊重每个儿童的学习进度、学习风格和学习节奏的教学方式,它挑战了以往的分班分科教学——它不是单纯的灌输式教学,而是儿童借助活动材料进行的主动学习;不是单纯的知识传授,而是儿童借助活动材料进行的探究活动;不是单纯的应试,而是儿童的态度、能力和知识在与教师、同伴和材料的互动中的综合提升。"区域活动"这种教育组织形式开创了尊重儿童的差异化和个别化的教育先河。

二、区域活动是环境化教育

"区域活动"使幼儿在"有准备的环境"中和教师相互作用,并通过这种相互作用进行自主学习,从而获得有效发展。这是一种革命性的变革——原来是教师教育,现在是环境教育;幼儿以往向教师学习,现在可通过被教师赋予了教育意义和发展意义的"区域活动材料"学习。在区域活动的倡导者蒙台梭利看来,儿童的成长要素与成人不同,是引发儿童成长的原动力或"潜在生命力"。而为了让儿童得到正常持续的发展,成人必须在了解儿童身心发展特点的基础上,为儿童提供适合其"潜在生命力"发展的"有准备的环境",即通过为儿童准备好的环境来教育儿童。[1]由于区域活动倡导并力图让儿童在教师精心提供的"有准备的环境"中学习,可以让儿童操作的"有准备的环境"既符合儿童思维的直觉行动性特点,又符合儿童思维的具体形象性

---

[1] 市丸成人,松本静子. 蒙台梭利教育的比较研究与实践:上卷[M]. 赵悌行,译. 台北:新民幼教图书股份有限公司,1993:133.

特点，因而这种符合儿童心理特点的、可以操作的"有准备的环境"，作为儿童可以直接作用的对象，在区域活动中具有不可替代的重要价值。

三、区域活动是导师制教育

"区域活动"提倡教师从准备课本转向准备儿童的活动材料。由此，儿童原来是向一个高高在上的"传道、授业、解惑"的权威者学习，而现在是向多种可以自由操作的、被赋予了教育意义的"活动材料"学习。可以说，从"教师"到"导师"——从"备课"到"备材料"，从"知识传授者"到"发展支持者"，教师的角色发生了重大变革。所谓的"导师"，是儿童探究环境的支持者和引导者。他营造了师生关系平等、生生之间平等的民主氛围，创设了教师和儿童在活动中人格、角色和参与方式平等的民主环境，当然，他不会忘记自己是平等背后的"导师"——共同活动中的引导者。在传统教学中，教师是教学中的主宰者、课堂中的权威者。在由传统教学向"区域活动"教学转变的过程中，许多幼儿园教师一时无法调整好自己的角色，在实际教学中仍将自己的角色局限为儿童操作活动材料的指导者，教学过程仍然是一个自上而下传递的过程。幼儿园教师需要认真领会区域活动中教师应具有的职责与素质——"当儿童自我教育时，当材料提供操作提示时，教师什么也不必做，只要观察就可以。采用我的教育方法时，教师教得少，观察得多。但是，教师的首要职责是指导儿童的心理活动和生理发展，因此我把教师的称呼改为'导师'。"[1]在成长为一名合格的区域活动"导师"的过程中，教师应具备深刻的观察力来观察儿童的态度，准备好随时对儿童的兴趣做出反应，并最大限度地利用这些兴趣，帮助每个儿童积极参与活动。[2]在观察、了解儿童的基础上，"导师"应当为儿童提供适合他们发展的"有准备的环境"，为儿童提供

---

[1] MONTESSORI M. The Montessori Method [M]. London：William Heinemann，1919：174.
[2] 米勒. 米勒博士谈蒙台梭利教育原则及运用[J]. 早期教育（教师版），2007（10）：22-24.

自由活动的保障，协助儿童自我发展。

经过前面的分析，我们至少可以把"区域活动"看作差异化教育、环境化教育和导师制教育的有机结合，通过让每一个各不相同的儿童和适宜的系列环境之间发生相互作用，在"导师"的引导下，实现自由、自主、快乐且有价值的发展的幼儿教育模式。

第三节 区域活动的发展走向

区域活动最初起源于西方国家，其理论以及实践基础都建立在西方社会背景中。20世纪70年代，我国幼儿园出现了区域活动，经过30多年的发展，区域活动已成为我国幼儿园教育中的一种普遍的课程模式，并在一定程度上实现了本土化及创新。但由于所借鉴的理论依据以及幼儿园实际情况发展的不同，各幼儿园区域活动的本土化程度以及创新方式也不一样。

本书在审视和剖析幼儿园实践的基础上，主要依据蒙台梭利教育法、高宽课程理论和多元智力理论进行阐述。蒙台梭利教育法认为，儿童只有通过自身的实践操作活动才能促进个性的真正发展，并提倡为儿童提供有准备的教育环境。蒙台梭利将区域活动的内容主要分为日常生活练习、感官教育、数学教育、语言教育、文化科学区域和艺术表现六大部分。[1]高宽课程理论以皮亚杰的认知发展理论为基础，强调幼儿既是积极的活动者和学习者，又是学习过程的计划者和利用者；教师提供丰富的环境和材料，根据幼儿的发展需要制订合理的教学计划，并对幼儿的发展做出评价，适时做出指导。多元智力理论由美国心理学家加德纳提出，他认为人的智力是多元的，并且个体的智力组合是不同的，因此智力风格存在个体差异性，每个人都有其智力的

---

[1] 霍力岩，等. 幼儿园课程开发与教师专业发展——比较研究的视角［M］. 北京：教育科学出版社，2006：122.

优势和劣势。加德纳在形成多元智力理论的同时，也提出了光谱方案教学的个别化教学，主张为幼儿提供多元的切入点和多元化的学习环境。光谱方案教学在教育实践层面以区域化的形式来实现，主要有八个领域：语言领域、数学领域、自然科学领域、社会理解领域、音乐领域、视觉艺术领域、运动领域以及机械建构领域。[1]

本书的区域活动的主要理论依据是蒙台梭利教育法、高宽课程理论及多元智力理论，笔者在借鉴与学习各理论的基础上，从实践层面进行了吸收与融合，并以中华传统文化为背景，进行了中国化与本土化的发展与创新。如何系统而全面地使区域中国化，在我们总结出版的"幼儿园区域活动材料丛书"（包括《幼儿园生活区材料设计与评价》《幼儿园语言区材料设计与评价》《幼儿园数学区材料设计与评价》《幼儿园科学区材料设计与评价》《幼儿园社会区材料设计与评价》《幼儿园艺术区材料设计与评价》共6册）中，对此进行了全面而系统的阐述。在此，只呈现几个重要创新的方面。

一、区域设置的动态化

目前，我国幼儿园在设置各自的区域时，大部分幼儿园会以一种优秀的教育模式为基础，逐步发展成符合自身需要的课程。在这个过程中，教师需要与时俱进，既需要保持开放的心态，又需要具有敏锐的判断能力：首先，要深入吸收这种教育模式的精髓，在发展中借鉴、融合其他优秀的教育模式，使区域设置更加合理和科学；其次，在完善中因地制宜地凸显当地文化和园所自身文化，使设置的区域有发展的根基，更好地扎根本土，更具生命力与可持续发展性。

本书中的区域设置课程以蒙台梭利教育法为基础，吸收融合多元智能理

---

[1] 霍力岩，等. 幼儿园课程开发与教师专业发展——比较研究的视角［M］. 北京：教育科学出版社，2006：122.

论、高宽课程理论及光谱方案中的区域活动思想，在《纲要》和《指南》的指导下，经历了模仿、探索、开发、完善、提升等五个阶段，将西方课程模式中国化、本土化并最终发展出独特的园本课程。首先，在蒙台梭利教育法的指导下，创立了生活区、感官区、语言区、艺术区、数学区、科学区、文化区、社会区等基础区域。其次，为了使区域活动可持续发展，满足幼儿深层次发展的需求，进一步吸收其他优秀教育理论，全面落实《纲要》和《指南》的精神，在区域设置中增设了沙水区、生态区、社会理解区、建构与机械区、拓展区、特别研究区等动态化的区域。相比于基础区域，动态化区域展现了区域活动的生活化、情境化、创造性等主要特点，有利于促进幼儿的社会性发展，让区域活动在承载基本教育内容的基础上，更进一步拓展教育内容。

二、区域内容的系统化

区域活动的教育目标通过区域中的内容来实现，因此区域内容的选择决定了区域活动的品质。

目前，我国大部分幼儿园在区域材料设置中缺少目标体系，内容缺少层次性、针对性及系统性，在材料投放时存在随机性、散乱性等问题。这导致了幼儿园区域活动课程内容的混乱局面。各园在解决这类问题时，可依据《纲要》中提出的各领域教育内容，同时结合《指南》中针对各年龄阶段幼儿而提出的学习与发展目标和相应的教育建议，系统地设置各区域内容，以此来实现各领域的教育目标。例如，《纲要》对语言领域提出了听、说、阅读以及书写方面的教育目标，结合幼儿园的实际情况，可将语言区的活动内容分为"听、说、阅读以及书写"等几个体系，并在每个体系中延展出"字词、句子、篇章"等不同层次的教育内容。同时根据各年龄阶段幼儿的发展情况，设置该年龄段的幼儿能操作的相应的区域材料，改变区域内容设置的混乱局面，实现区域材料内容的系统性、层次性、针对性，促进区域活动的有效开展。

三、区域材料的本土化

区域内容主要通过区域材料来体现，而幼儿在与材料的互动中得以发展，因此区域活动的材料选取一定要从幼儿的身心发展规律出发，关注幼儿生活，贴近幼儿生活。对幼儿而言，最熟悉的材料源自他们的周围生活，这些本土化的材料最符合他们的发展需要。本土化的材料主要有两种：一种是体现我国传统文化特色的材料，另一种是体现当地地域特点的材料。这种地域文化与特色各不相同，如广东地区倡导岭南文化，四川地区倡导巴蜀文化，福建地区倡导闽南文化。教师通过提供本土化的材料，引导幼儿探究其所熟悉的周围世界，接受身心浸润式的本土教育，从而萌发热爱祖国和家乡的情感。因此，在区域实践中，教师可充分挖掘和利用我国及各地地域的特色资源，实现区域材料的本土化。

（一）本土化资源的拓展途径

在区域材料本土化的过程中，应因地制宜，充分发挥教师、家长和社会的作用，拓展幼儿身边具有中国特色以及地域特色的资源，并将其设计开发为区域活动材料，尽显中国文化以及地域文化的精髓，保证区域材料的本土化和多元化。

在区域活动中，教师是区域资源的主要拓展者，是实现幼儿园教育与本土化资源融合的中介，教师的文化价值观和行为对幼儿文化的建构影响深远。在收集本土化资源时，首先，幼儿园教师需以发展的眼光对待本土化文化，发扬其积极面，舍弃其消极面，在落实课程的活动中敏锐地捕捉传统教育时机，通过材料向幼儿传递一种平衡、和谐的本土化文化价值观。其次，教师群体在接受学历教育时所受的专业培训，使他们在设计与制作材料时具有许多优势，教师应充分发挥自身特点（方言、民族身份等）和技能（唱歌、舞蹈、美劳等）。

家长是区域材料本土化的协助者。幼儿园应充分利用这一重要的教育资源，加强与家庭的合作，建立以幼儿园为主导、以家庭为主体的本土化资源的拓展途径。这种家庭式的收集途径，可采用"请进来"的方式，把具有特殊技艺（武术、书法等）、身份（收藏家等）及特殊家庭环境（朝鲜族、维吾尔族等）的家长请到幼儿园，使他们运用其独特的文化素材，协助幼儿园收集本土化的资源，拓展本土化材料的制作渠道。

社会是具有显性教育资源的基地，教师应善于挖掘利用这些资源，为幼儿搭建更为广阔的传统文化教育平台。在收集这一类资源时，对于物质资源可采用拍照、宣传册[整理资源点（古建筑、文化街）]等方式，筛选有用的资源，为幼儿提供本土化材料。对于人力资源也可采用"请进来"的方式，将资源点的民间工艺艺人、民乐演奏家、文物解说员等文化传播者引入幼儿园，协助教师丰富区域本土化材料。

（二）本土化资源的拓展方式

本土化的区域材料涉及幼儿生活的各个方面，包括传统文学、民间艺术、人文风俗、传统建筑、自然环境与气候等各方面。将这些内容与各区域进行合理结合，设计并制作本土化的活动材料，既有利于区域本土化发展，也为幼儿传承传统文化提供了新的平台。例如：将自然环境与科学文化区结合，可创设"中华十大名山""深圳的旅游景点"等材料，展现中华秀丽景色；将传统文学与语言区结合，可创设"粤语绕口令""四大名著""四季成语屏风"等材料，传承并发扬中国经典文学；将民间艺术与艺术区结合，可提供"民间刻纸艺术""岭南渲染小作品"等材料，凸显民间艺术的精髓；将人文风俗与社会理解区结合，可创设"岭南风味小吃""广式茶艺馆"（见图1-1）等材料，从地域美食、

图1-1　本土化材料"广式茶艺馆"

饮食习惯入手，体现民族特色以及本地特色。在探索将区域材料本土化的实践过程中，如果区域里投放的材料符合幼儿的身心发展规律，是从儿童的需求角度出发的，那么这种材料便是有价值的。

第四节 区域活动的创新模式

通过剖析蒙台梭利教育法及光谱方案中的儿童发展观，我们发现，它们都提出了幼儿发展具有主体性、探究性、独特性的特点的观点。"区域活动通过为幼儿提供'有准备的环境'，通过让幼儿在这种环境中与材料互动，有助于激发幼儿的创造性和自主性，体现幼儿的个别差异，使每个幼儿都获得发展。从本质上讲，区域活动是一种个别活动，是幼儿独立进行的自主活动，在活动中，教师主要扮演环境的创设者和支持者的角色。"[1]

区域活动有利于每个幼儿的个性发展，让他们的兴趣爱好、所擅长的领域、活动风格、学习节奏、发展水平得到充分的展示和发展，并能培养幼儿探究与解决问题的能力、开放的思维能力以及创造能力，因而，区域活动是实现幼儿多方面发展的最好载体。

目前，各幼儿园都在努力为幼儿创设一个有准备的区域活动环境，而大多数幼儿园的"有准备的环境"主要体现在所提供的活动材料内容上。因为提供了幼儿能与之互动的材料，教师在区域活动中的教学与传统教学相比有了很大的改变：活动中的统一讲授时间减少了，个性化学习的指导任务增加了，对不同活动个体的观察难度提高了，对不同对象的活动评价更复杂了。以目前国内的师生配置比例而言，教师的工作量增加了很多，教师不仅要对每个幼儿进行不同的指导，而且要观察各个活动并开展不同的评价，同时还

---

[1] 霍力岩，等. 幼儿园课程开发与教师专业发展——比较研究的视角[M]. 北京：教育科学出版社，2006：165.

需引导幼儿在操作中遵循不同的规则，教师们确实难以担当。在不能改变当前幼儿园师生比例的前提下，可以从区域活动的各个环节着手，除了考虑材料设置的因素，还需考虑教师指导、活动评价、常规养成等构成区域活动教育的各个因素，让教师真正成为区域活动前的准备者、区域活动中的观察者与支持者、区域活动后的反思者，最大限度地优化区域活动效果。在考虑区域活动创新时，可在区域活动原有的特色"物化"材料的基础上，扩大"物化"范围，对相关的教育因素进行创新，建构出具有材料式内容（让学习操作化）、标识式常规（让规则隐性化）、聚焦式评析（让评价过程化）、图文式指示（让指导直观化）、多元式交流（让分享情境化）等特点的课程模式，使区域活动真正促进幼儿的自主性、探究性和独特性的发展。

一、材料式内容——让学习操作化

材料式内容是指遵循幼儿的思维发展特点，将抽象的教学内容转化为符合幼儿思维特点的材料。在与这些直观形象的材料的互动中，幼儿的心智得以发展。

区域活动为幼儿提供了可操作的材料，幼儿在操作材料的过程中实现其自身的发展，这种活动形式非常符合幼儿的思维发展特点——直观形象性及直觉行动性。要建构既符合幼儿的思维特点，又能全面促进幼儿个性发展的区域，在活动材料设置中应将区域目标、材料内容和材料操作方法三方面结合起来思考，因为教育目标的明确，为教育内容、教育方法提供了最宏观明确的目标，教育内容和教育方法是教育目标的具体化表现及实现途径。为此，教师在建构内容时应从目标、方法、内容三方面共同开展探索，在凸显材料的可操作性的同时，更加注重区域材料内容的科学化、系统化，形成"材料式内容——让学习操作化"这一特色。

（一）构建区域材料目标体系

教师应根据设立的各基本区域内涵，对照、解析《纲要》五大领域的目标和要求，首先制定总的区域目标体系，然后分析幼儿身心发展的实际水平及他们的发展需要，在总目标体系下分解各项目标，分别制定出各区域的高、中、低子目标体系，针对不同的幼儿设置不同的目标要求，其主要目的是在具体的区域中促进幼儿各方面的发展。

（二）创设区域材料内容体系

教师要根据不同层次的目标体系，构思、设计、制作、落实每一目标的各级操作材料，创设每个区域的材料内容体系，使每个拥有不同的优势智力领域、具有不同的活动风格和发展水平的幼儿在多层次、多种类的材料中找到满足其发展需要的活动材料。

（三）形成区域材料方法体系

区域提供的材料应是富于教育内涵、需要幼儿将动手操作与动脑思考相结合才能完成的半成品，并在材料制作中精心设计了能引导幼儿一步一步地开展自我探究、获取认知经验的线索，这样才能真正实现让所有的区域活动内容都变成符合幼儿特点的具体活动对象，让教具变学具，使幼儿在操作"物化"了的教育内容的过程中实现其自身的综合而均衡的发展。

二、标识式常规——让规则隐性化

标识式常规就是将传统活动中教师用说教方式培养的常规，转变成标识式的符号、图画，将这些符号和图画呈现在幼儿要与之互动的材料和环境中。这些符号、图画的指示能够引导幼儿自觉地规范行为，从而促进班级良好常规的形成。

区域活动为幼儿提供了宽松、开放、个性化的学习空间，使幼儿在活动中的自主性更强。在区域活动的时间及空间里，每个幼儿的学习内容、学习节奏、学习方式各不相同，其需要遵循的规则内容和方法也不相同，教师用以往的集体说教的方式来培养活动常规，则无法把握和选择常规培养的方法，不利于区域活动常规的有效建立。如果教师将原来需要教师反复说教、幼儿反复统一练习的常规设计为标识,将其融入幼儿要与之互动的环境,那么环境中各种不同的标识将会帮助幼儿形成良好的活动常规。

这些蕴含常规的标识分布在活动室的各个角落,并在幼儿活动的每一个环节中发挥着指示、规范幼儿行为的作用。例如:为了合理地指示幼儿在活动中的空间位置,教师在幼儿活动的桌子、摆放地毯的地面上贴上了标识。一张桌子坐几个人?幼儿坐在哪个位置才能更科学地利用桌面空间?一个活动室里摆几张地毯?地毯的方向与采光如何?地毯摆在什么位置可以避免幼儿之间的相互干扰?如果没有标识指示,幼儿在每次操作活动材料时就会需要教师的引导、协调;而如果教师在区域活动开展前能够将这些活动常规用标识确定下来,那么幼儿在活动时就能根据标识的指示,自觉遵守活动要求。这样既减少了教师在活动中投入常规管理的时间,又降低了活动中多余的语言及争执行为的干扰;既增加了教师指导幼儿操作的时间,也优化了区域活动环境;最重要的是,标识性的常规将空洞的细则变成了直观的、可操作的具体做法,更符合幼儿的直觉行动性思维。

三、聚焦式评析——让评价过程化

聚焦式评析强调,教师需要重点关注幼儿活动中的互动行为,运用表格、照片、幼儿作品、逸事记录、幼儿记录单等多种形式,收集、整理、分析、评价幼儿的学习和发展状况,形成记录了幼儿完整的在园成长轨迹和真实评价的档案。

为了研究每个幼儿学习和发展的过程与特点,教师在区域活动中应将幼儿的学习和发展过程转化为"可视化"的记录。在区域活动中师生都是活动的记录者,教师用照片、表格、录像等形式观察自然活动情境中幼儿所做的每一件事,幼儿用活动作品及活动记录单呈现自己的活动过程。记录让幼儿、教师和家长都能看到反映幼儿成长轨迹的"活动成果"。另外,在记录、收集、筛选、分析、评价成长档案资料的过程中,教师加深了对幼儿学习和发展状况的了解，为进一步修正和调整区域活动目标及材料提供了有效的依据，同时也为更好地开展家园沟通创造了有利的条件。幼儿在与教师、家长、同伴共同设计、制作、保存和展示档案的过程中，首先增进了双方的相互了解与情感；其次，他们在向同伴和家长展示自己的经验时，会引发对活动的回忆与联想，进行新的反思，获得新的经验，激发新的学习欲望。家长借助成长档案中的资料，可以真实地"看到"并了解幼儿的学习和发展过程。这为幼儿的发展、家庭教育方法的改进以及家园合作提供了科学的支持。这种具有情景性、多方参与性的评价，立体地呈现了事情的发生过程，使评价更具真实性、生动性。

四、图文式指示——让指导直观化

图文式指示是指图画、文字等符号，或将其组合，形成形象、浅显、易懂，能暗示幼儿行为的一组指示符号。

在进行区域活动时，幼儿不仅可以自主选择个别化的学习内容，而且可以通过选择不同的活动方式来进行个别化的学习。目前，各幼儿园在开展区域活动时，一个教师要面对10~15个幼儿，他们在自我探索中拥有各自的活动内容、方式和节奏，教师很难做到在区域活动时间内对这些幼儿均衡地开展指导。为了解决这一困境，我们创造设计了图文指示法，将教师在区域活动中的指导行为转化为一组符号，借助这些符号的引导，幼儿就能自主地、顺利地完成区域材料的探索活动。

图文式指示发挥着指导幼儿独立操作活动区材料的作用，因此，这些指示大部分用于区域活动中，它们以下面几种方式呈现在区域之中。

（一）独立于材料

这种存在形式是将图文式指示设计成独立的、只提供指示而不需要幼儿进行操作的材料，它和与其相关的、幼儿需要借助它才能操作的材料放在一起，构成一份完整的区域操作材料。

如:"科学区——动物的食性分类"材料中的指示就是以一本指示小书的形式独立存在。教师将不同食性的小动物做成两本小书,并将同一食性的动物分别粘贴在一本指示小书的不同页面上。幼儿首先观看小书,然后按书上每一页的动物,寻找零散的小动物,找到后放到相应的页面上,书本翻完后,所有同一食性的动物会出现在同一页面上。在操作完材料后,幼儿不仅可以了解每一种动物的食性,还可以观察到材料中所有的同一食性动物(见图1-2、图1-3)。

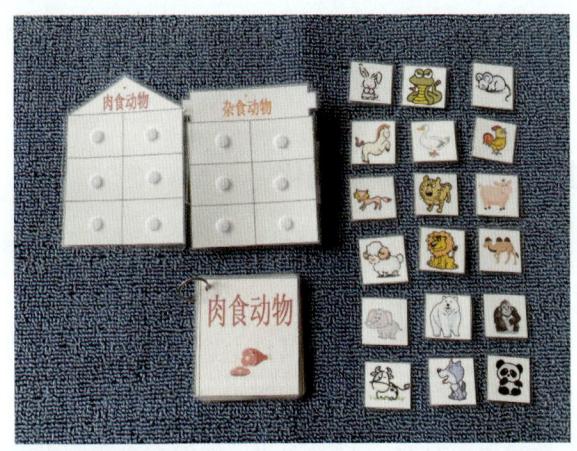

图1-2 指示小书和材料

图1-3 指示小书的每一页

(二)隐藏于材料中

这种图文式指示隐藏在幼儿的操作材料之中,需要幼儿经过观察、思考才能发现它及其使用方法,它有可能设计在材料的边框处或材料的背面,也有可能设计在材料的画面之中。

如:在"科学区——人体器官"这份材料的操作中,幼儿通过寻找外框颜色与底板外框的颜色一致的图片或文字,来将其粘贴到正确位置,进而学习不同的器官在人体的相应位置及其对应的文字。这些边框就是指示,幼儿借助这些线条就能开展活动,并通过操作材料习得新经验(见图1-4、图1-5)。

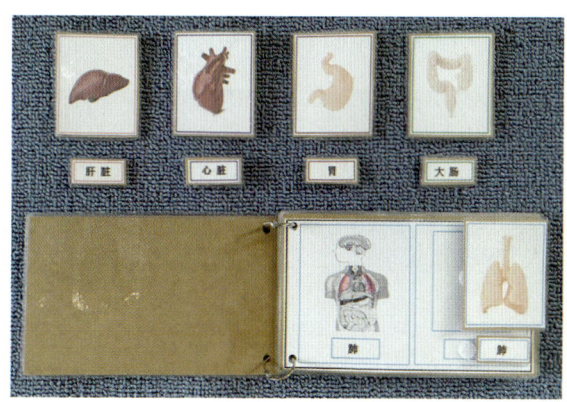

图1-4 指示边框与颜色

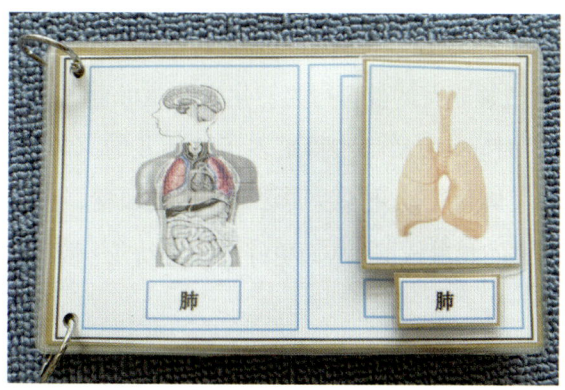

图1-5 外框颜色对应图

（三）匹配于材料中

匹配于材料中的图文式指示，既可以发挥指示作用，也是材料操作过程中幼儿需要完成的一个步骤。只有将这一步骤完成，幼儿才能完成整个材料的操作过程。

如："科学区——蝴蝶的生长过程"这份材料需要幼儿将蝴蝶生长的四个阶段通过为图片排序表现出来。为了指导幼儿正确地完成材料操作，在设计图文式指示时，教师可以为蝴蝶每一成长阶段的图片做外形嵌板底座，并将底座做成一本连续小书。幼儿将图片放入底座。若图片形状与嵌板底座的形状吻合，则幼儿操作正确。当幼儿操作完成后，可通过观察连续小书上的数字以了解蝴蝶成长的正确步骤（见图1-6、图1-7）。

图1-6　外形嵌板底座与图片

图1-7　嵌板底座与图片吻合图

图文式指示将教师原有的教育行为转化为幼儿可直观认知的符号，从而节省了教师的指导时间，使教师获得更多了解幼儿的兴趣和心理特征的时间。教师通过观察了解每个幼儿的发展水平和活动风格，并以此作为进一步设计材料、调整材料的参考依据，从而更好地理解幼儿、帮助幼儿。

五、多元式交流——让分享情境化

多元式交流是指在区域活动的分享交流环节中,教师与幼儿利用实物、照片、录像等能反映活动过程的媒介开展讲述活动,再现幼儿的活动过程及结果的一种多形式的交流方式。

幼儿的记忆特点之一是不精确性,其思维又具有直观形象性的特点。因此,在分享交流的环节中,教师要鼓励幼儿通过借助区域材料、展示区域活动材料制成的实物、对活动过程拍出的照片进行描述等多种方式进行表达,在幼儿的表达过程中,教师可运用再现活动过程或活动场景的方式,使幼儿多感官参与分享交流,让他们获得更真实的感受,使那些在区域活动时间只在一个区内活动的幼儿,了解更多其他区域的活动信息,借助同伴的影响力,激发他们参与更多活动的兴趣,促进区域活动的转换。

这种多元式的分享交流活动,主要是为幼儿提供一个讲述自己参与区域活动过程、展示自己活动成果的平台。活动以幼儿为主体,在共同交流中幼儿回顾、筛选、重组、讲述自己的区域活动经验,在讲述中他们的经验得以重新整合及提升。同时,在他们的互动过程中,他们可以学会评价他人、评价自己,并发展口语表达能力。这种直观化的交流,使交流活动凸显情境化,更符合幼儿的记忆与思维发展特点。

综上所述,我们可以看出,本书所描述的区域活动的基本特点突破了当前区域个别教育中的一些困境。首先,它是有优秀教育理论支撑、符合《纲要》与《指南》的要求、能充分落实《纲要》与《指南》精神的本土化的区域活动。其次,它有严谨科学的目标框架、能充分实现目标的内容体系和符合幼儿思维及认知发展特点的操作体系。最后,它改变了各教育因素在区域活动中的实施办法,合理地分配教师在区域活动前、中、后的教学时间及任务,重建教师与幼儿在区域活动中的角色位置。这些改变确定了区域活动是促进幼儿全面发展、全员发展、个性发展、和谐发展的有效手段。

第五节　区域活动的设置体系

由于我国各地幼儿园的区域活动依据理论以及实践经验不同，在区域的设置上也各不相同。在本土化区域活动的研究过程中，笔者借鉴、吸收、融合相关理论，经过长时间的探索研究，在实践中基本形成了科学合理的区域设置体系，也使得区域活动突破本身的局限，并解决了部分国内幼儿园区域设置一直存在的问题，形成了相对适宜的课程模式。

一、区域设置的依据

本书所介绍的区域活动体系，将区域划分为四大类型，即预备区域、基本区域、创意区域以及延伸区域，同时每个区域类型下都包含着相关的子区域。下面将详细阐述每种区域类型设置的理论与实践依据。

（一）以幼儿基本发展需求为依据，设置预备区域及基本区域

区域活动中的预备区域及基本区域是我国区域活动设置中最常见的、最基础的区域。这两种区域类型主要依据幼儿的基本发展需求而设置。同时，每个幼儿园所依据的理论不同，所设置的区域活动设置也不尽相同。本书的区域活动主要依据蒙台梭利教育法，同时根据《纲要》和《指南》对健康、语言、社会、科学以及艺术五个领域提出的幼儿发展目标及实施的内容与要求，通过深入的理论剖析，在实践经验的基础上设置了预备区域，即生活区、感官区以及生态区；同时设置了基本区域，即语言区、数学区、科学区、文化区、社会区。预备区域是最基础的区域，幼儿通过预备区域获得日常生活中的基本技能，训练与发展各种感官，同时获得操作区域的基本方式及形成相应的常规，例如：如何取放材料、地毯，如何收拾材料，如何求助于教师等。因此，预备区域是其他区域的前提和必要准备。基本区域是大多数幼儿园设置的区域，这些区域涵盖幼儿基本发展的各个方面，每个区域有相互独立的

体系和各自显著的特点，各区域之间相互关联、互为依托，对幼儿园的教育教学起主导作用。

（二）以幼儿创造性发展需求为依据，设置创意区域

《纲要》和《指南》中反复强调对幼儿创造能力的培养。多元智力理论以及光谱方案教学在教育实践层面也以区域化的形式来实现幼儿创造力的发展。因此，促进幼儿富有个性的发展以及培养幼儿的自主精神和创造精神是区域活动最重要的内容。要完成这一目标，就需要设置富有创意的区域活动环境，使幼儿通过与环境互动，开发创造潜能。

创意区域的研发可以从社会理解领域、音乐领域、视觉艺术领域、运动领域以及机械建构领域中获得，由此可产生如下创意区域：艺术区、建构与机械区、社会理解区以及沙水区。相较于其他类型的区域，该区域突破了区域活动本身的局限，实现了区域的生活化、情境化以及动态化，并促进了幼儿社会性和创造性的发展。

与基本区域中的幼儿个别探索性活动相比，创意区域中幼儿的活动具有区域人数较多、合作性强、交流面广等特点，因此，在创意区域的空间设置、材料提供及幼儿需要上有特殊要求。根据以上特点，在设置创意区域时，教师应打破以往班级空间的设置模式，从幼儿园大环境中积极寻找合理的空间，尝试将这些创意区域设置在幼儿园的公共空间中，从而形成"公共区域"。公共区域的活动内容及活动材料基本相同，但在组织幼儿开展活动的过程中，教师应根据各年龄段幼儿的需要设置不同的活动目标。

1. 公共区域的设置

设置"公共区域"时，教师应考虑区域的功能，因地制宜地分设室内公共区域及户外公共区域。一般情况下，幼儿园的室内公共区域适宜设置"艺术创意区""建构与机械区""社会理解区"等区域，而户外公共区域适宜设置"沙水区""体能锻炼区"。

2. 公共区域活动的开展

公共区域活动的开展以幼儿园为单位，活动主体是全园幼儿，区域的材料全园共享，指导教师既可以是本班教师，也可以是某个区域固定的指导教师，活动形式以班级轮流的方式为主，不同班级的幼儿分不同的时间段进入区域开展活动。这样既能够充分利用幼儿园空间，又能避免教师在提供相同材料时的重复劳动。

幼儿在公共区域的活动中，通过分工合作、交流分享等，其社会性获得发展，动手能力及交往技能得以提高。创意区域相较于其他区域而言，区域活动氛围比较自由活跃，同时区域材料也比较开放。这种自由开放的教育环境有利于激发幼儿的创造潜能，促进幼儿创造能力的发展。

（三）以幼儿个性化发展需求为依据，设置延伸区域

为了满足部分幼儿在主题活动中的探究欲望，以及生活中个别幼儿的兴趣，在区域设置中，可创设延伸区域，以促进幼儿的个性化发展。延伸区域包括拓展区和特别研究区。

1. 拓展区

目前，幼儿园主题活动主要以集体活动的形式展开，在实践中往往有部分幼儿在主题研究中会产生个性化的需求，但这种需求无法采用集体活动的形式来满足。在区域设置中，教师可投放一些与主题相结合的材料，设置具有主题活动特色的拓展区。如在开展"有趣的车""时间廊"等主题活动时，教师分别在生活区、艺术区、科学区等提供了"车的动力""计时器的发展史""我的生命线"等相应的探索材料。

2. 特别研究区

另外，区域活动的设置一般依据全体幼儿的需求投放区域材料。但在实践中，教师常常发现部分幼儿对某个特别的现象感兴趣，因此教师设置了"特别研究区"，用以满足这部分幼儿的需求。这种特别研究区也是一种个性化的研究区域。比如，班级某个幼儿在某个阶段对各种镜子特别感兴趣，并

引起了其他部分幼儿的兴趣,针对这种情况,教师可在"特别研究区"投放"有用的镜子""好玩的凹凸镜"等材料来满足这部分幼儿的需求。

(四)以幼儿的生活经验为依据,实现各区域之间的对话

幼儿的学习源于生活,幼儿的发展具有综合性、统一性的特点。教师在为幼儿提供丰富的区域内容时,应尽可能以幼儿的生活经验为基础,发现和挖掘区域之间的结合点,使区域内容相互渗透、紧密联系,形成一个相对完善的系统,从而让幼儿在区域活动中获得贴近自然的、完整的经验。

各区域之间的相互联系主要以区域材料以及操作任务为媒介,形成有机整体。在区域材料的选择上,要体现材料的相互补充,以及经验的相互渗透。比如,在语言区中有一份"碎花装饰文字"的材料,需要用到各种碎花,因此教师在艺术区开展了"压碎花"的活动,一方面能够有效地利用幼儿的操作成果,另一方面可通过材料内部的相互联系将两个区域紧密地结合起来。在操作过程中,主要以设置某种情景为线索,让幼儿通过在不同区域中操作来完成活动。比如,在"三八妇女节"亲子活动中,幼儿要与妈妈联欢,开展此活动之前,幼儿需要在表演区学习"妈妈节日快乐"的舞蹈,在语言区学习祝福妈妈的话语,在艺术区制作精美的礼品、贺卡等。从这个例子可以看出,通过区域活动的情景创设,可以巧妙地将这些本无关联的区域紧密地整合在一起,这不仅促进了幼儿合作能力的发展,也有利于幼儿形成完整、统一的生活经验。

二、区域设置的体系

在区域设置中,目前主要创设了预备区域、基本区域、创意区域以及延伸区域四大类型,并且各类型下设置了相应的子区域。通过上述阐述,读者能够基本了解各类型区域设置的基本理论及实践研究。下面将以框架图的形式呈现本书区域活动的基本体系(见图1-8)。

区域活动的教育目标主要由每份具体的区域材料来达成。因此,在确定了

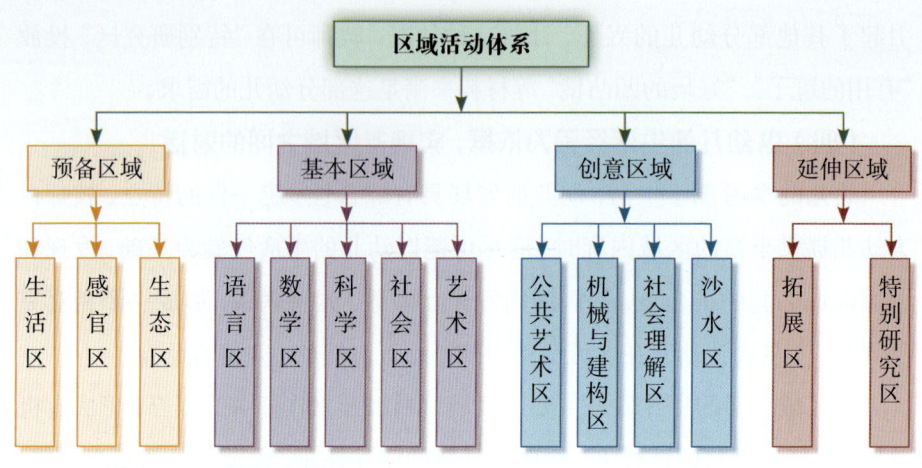

图1-8 区域活动体系的设置框架

整体区域体系后,需要进一步思考架构各个区域的具体材料框架图。各区域因教育内涵不同,承载的教育目标侧重点也各不相同。在考虑各区域的具体材料构成框架时,教师应根据《纲要》以及《指南》对幼儿各领域的学习提出的相对具体的教育目标,对照蒙台梭利教育法以及多元智力理论,确定每个区域儿童所应达到的心理发展要求,科学地解构该领域提出的幼儿发展目标,根据目标的不同指向,构建该区域不同的主题,让区域活动在主题情境中开展。

当确定区域主题后,教师就应根据各主题的目标,设计出有区域内在线索、难度递进的系列操作材料,根据每份材料的难易程度,将材料整合成不同的材料单元。在投放区域材料时,教师可根据不同年龄的幼儿的发展需求,有序地投放这些材料。

以生活区材料框架图为例(见图1-9),首先,教师应分析生活区的目标,可以发现生活区的目标包括培养幼儿基本的生活自理能力、提高幼儿的各种生活技能、学习简单的饮食制作方法等方面;其次,根据各目标的指向,教师依据小班、中班、大班等不同年龄发展阶段幼儿的发展,设置不同层次的目标;最后,教师应根据不同年龄段的目标,设计内容层次各不相同的具体材料,幼儿通过探索不同层次的材料,实现不同年龄的幼儿的个性化发展。

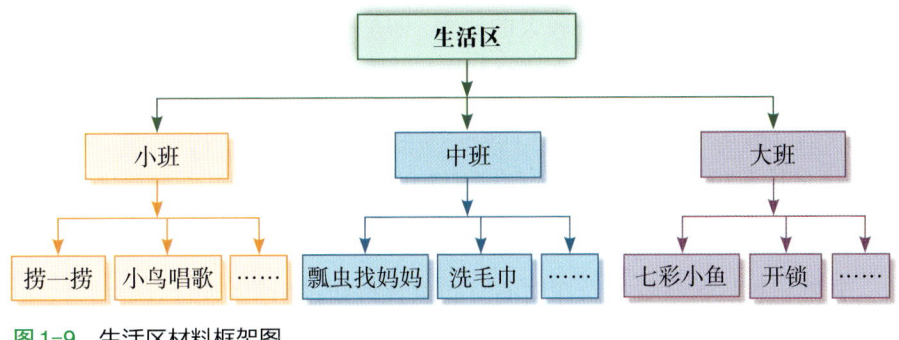

图1-9 生活区材料框架图

第六节 区域活动的基本步骤

探索、形成良性的区域活动是一个长期而复杂的过程，本书将阐述一个区域活动从无到有的基本过程，也就是教师怎样面对一间空无一物的活动室、为幼儿提供丰富的环境与材料、科学合理地展开区域活动的过程。

一、区域环境的规划

幼儿园准备开展区域活动，最先要做的准备工作之一就是进行区域环境的创设，不同的幼儿园，发展目标、发展方向不同，因此对区域活动在课程中的定位就会有所差异，对区域活动所寄予的教育目标也会有不同的差异。这些差异会使不同幼儿园班级设置的区域有所不同，同时，每一所幼儿园的班级空间环境以及与班级相关的公共环境（如走廊、阳台等）也会有所不同。如何在班级所属的空间环境中有效规划各类区域，是后续能否有效推进班级区域活动开展的保障。

在进行班级区域环境规划时，需要分几步来进行科学规划，需要开展的第一步工作是对班级环境进行细致的观察与了解，寻找并明晰班级空间中的几组位置关系：一是封闭与开放的空间位置，二是安静与喧闹的空间位置，三是空间相对较小与各空间较大的位置，四是有水与有电的空间位置。第二步，明晰班级需要设置的区域类别有哪些，并对这些不同的区域特性进行判别：哪些区域是培养幼儿的专注性的，需要安静或相对封闭的空间位置？哪些区域是培养幼儿的创造性的，需要较大的空间位置？幼儿在哪些区域的操作中需要借助水或者电，而该区域里恰好有水电或水电离该区域较近？第三步，教师根据区域特性以及探明的空间位置特征，将两者进行有机结合，在完成这一步时，教师不但需要单独考虑每一个区域的空间设置，还需要综合考虑所有区域在班级的综合设置，使空间设置既科学有效，还美观便利，实现环境教育作用的最大化。

二、基本设施的准备

区域活动基本设施的准备也就是指区域大物质环境的创设，这是构成区域环境的最基本的物质基础，也是教师首先需要考虑的问题。在准备基本设施时，可从以下几方面着手。

教师应该充分了解幼儿园及自己班级的环境创设风格，合理选择适宜的活动柜、椅子、桌子、操作毯等物品。在选择这些物品时，一定要注意其与班级其他物质环境相和谐，同时又要注意各物品之间的相互搭配。因此，教师在准备基本设施时一定要有全局的视野，合理购买区域环境的基本设施。比如，教师对设施的颜色、大小、材质、风格都应有相对统一的规划。

教师在确定基本设施后，应根据活动空间合理地设置各区域。每个区域都有自己独特的特点，对活动空间也有不同的要求。比如，生活区的很多材料需要和水搭配使用，因此教师可因地制宜地将生活区设置于教室盥洗室旁，便于幼儿进行操作；而生态区里植物的生长需要阳光，教师可将其合理地设置在班级的阳台上，既能保证充足的阳光，又能美化教室环境。

区域活动最基本的特点是让幼儿在有准备的环境中自主操作，而要实现这种自主操作的学习方式，需要教师巧妙地将各种指导物化在基本设施中，而区域活动中的标识就是一种非常重要的方式。因此，在最后，教师应根据区域活动开展的需要，在环境与材料中设计能引导幼儿遵守活动规则的标识。

三、区域目标的制定

在规划好班级区域空间位置，配备好每一个不同区域开展活动所需要的固定硬件设施后，幼儿园应该重点引导教师思考每一个区域的教育功能，根据设置每一个区域的初始构想，研究并制定每一个区域的教育发展目标。

区域发展目标是引领区域活动正确前行的指南针。科学制定区域活动的发展目标，保证教师在推进每一个不同区域的发展过程中有明确的方向，从而引领教师顺利推动每一个区域的建构、调整与完善，促进区域不断发展的同时提高教师在工作中的实效性与有效性，帮助教师找到并体验职业成功感。

区域发展目标也是教师在后续区域材料设计与制作中的依据，如何为每一个不同的区域提供不同内容的材料？如何为促进幼儿的发展提供适宜的材料？这些都需要依据区域制定的发展目标，通过目标指引设计制作材料，通过材料所涵盖的内容与方法达成每一个不同的目标，从而系统科学地实现区域发展目标，实现幼儿在与有目的的材料互动中全面而个性的发展。

四、区域材料的提供

材料是区域环境中的关键要素。在提供区域材料时，教师根据前期制定出的各区域活动目标设计合理的材料。比如，语言区的主要目标是促进幼儿听、说、读、写能力的发展，因此，教师在设计材料时也应围绕这几个方面创设丰富的材料体系。最后，教师要根据各区域的目标开发出适合各年龄层次的区域活动材料。区域活动是一种个别性教育，教师在提供材料时，不仅应注意材料的基本特性，同时也要充分考虑班级幼儿的年龄特征。比如，同样是语言区，幼儿年龄不同，材料设计的侧重点也不一样：小班的语言区材料主要是促进幼儿听、说能力的发展，而大班则可以设计一些能够促进幼儿前阅读和前书写能力发展的材料。

教师仅仅采购适宜的材料还是不够的，还要通过精心设计，并以适当的方式组织，这样才能鼓励幼儿独立操作和创造，才能使幼儿与材料进行积极的互动，才能让幼儿更好地利用这些材料。

五、区域活动的开展

在基本设施及区域材料创设好之后，教师就需要思考如何合理地开展区域活动。开展区域活动不仅涉及基本设施和材料，而且涉及师幼互动。

任何课程的开展都必须建立在一定的常规中，区域活动也不例外。因此，开展区域活动的前提是建立良好的班级区域活动常规。每种课程模式都有独特的特点，因此所需要建立的常规也不一样。比如，在区域活动中，幼儿要能够学会自由选择、自主操作，同时要避免干涉其他人，这就需要培养幼儿自主学习以及尊重他人的基本常规。其次，根据区域活动的开展情况，教师应适时地用多种形式调整区域活动材料，或者师生共同调整区域活动常规。最后，在活动的过程中，教师应与幼儿共同收集相关的记录，为评价做准备。

需要注意的是，区域活动是一种个别性的探究活动，从幼儿入园初始，便要执行这种教育模式，这对幼儿和教师来说都是一种挑战。因此，教师首先应该思考如何在幼儿入园的初始阶段开展区域活动，既要让幼儿掌握这种基本学习模式，又能坚持个别性教育原则。在幼儿适应基本的区域活动后，教师需要进一步考虑单次区域活动开展的基本程序与技巧。

六、区域活动的评价

评价是区域活动实践过程中不可缺少的一部分，也是实施区域活动的最后一步。只有通过对区域活动的评价，教师才能对幼儿进行有针对性的指导，才能对材料进行合理调整。同时也只有通过评价，教师才能了解幼儿的发展情况，才能把握区域活动的实施效果，使区域课程更具时效性。

区域活动有别于传统的集体教学活动，它是一种个性化的教学方式，因而在评价时也需采用个性化的评价方式。面对众多的幼儿以及丰富的区域材料，教师如何利用有限的资源、采用合理的方式进行评价，这是一个需要思考的问题。具体而言，可采用实时自然观察、照片、录像、图表等方式对幼儿的活动过程进行记录，教师可根据这些记录资料，在活动中或活动后及时进行评价。同时教师也可以采用实物呈现、照片记录、操作单等方式对幼儿区域活动的操作成果进行评价。最后，教师需要为每个幼儿建立合理的评价体系目录，将评价好的活动记录分门别类地进行收集、整理。

幼儿与材料是区域活动的两大要素，因此教师也需要对这两方面进行多角度的评价。《指南》中明确提出，对幼儿的评价，不仅要关注幼儿知识与能力的发展，也要关注幼儿情感与态度的发展。因此，在区域活动过程中，教师可从幼儿的情感、态度、能力、知识以及技能等方面对幼儿进行多元化评价。材料是区域活动内容的物质载体，只有对其进行多角度评价，才能进行合理调整。根据区域材料的特点，教师可从材料的安全性、完整性、吸引性、操作性、年龄适宜性等方面进行综合评价。

区域活动开展的四个基本步骤不是逐一进行，也不是相互独立的，而是在区域活动课程的发展过程中不断反复、不断完善而形成的。比如，对区域活动进行评价后，并不意味着区域活动就此结束了，这时教师需要根据评价结果对区域材料进行合理调整。

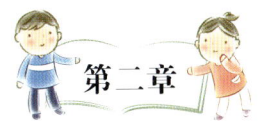

第二章

区域环境的准备与创设

《纲要》指出,要"为幼儿的探究活动创造宽松的环境,让每个幼儿都有机会参与尝试"。在区域活动中,多种区域的设置能够为幼儿提供更多的学习机会,促进幼儿多方面的发展。教师应根据不同年龄幼儿的发展水平和活动需要,合理安排适宜的活动区域,为幼儿创设一个有准备的区域环境,设计独特的空间布局,从而促进幼儿在良好的区域环境中学习、探索、实践与发展。科学规划幼儿园活动室的区域环境,可为幼儿提供各种不同的自由活动空间。幼儿根据自己的兴趣需要,自主选择,自主探索,从而积累丰富的知识经验、促进幼儿个体的发展。教师应根据班级环境和教育内容的不同,科学合理地设置区域空间,使各个空间既相对独立,又彼此联系,使有限的空间发挥出最大的环境教育作用。

第一节 区域环境的规划原则

在幼儿园区域环境的设置中,教师应当精心为幼儿准备一个开放的、动态的、能提供多种探索机会的环境。教师在规划整体区域教育环境时,应充分利用课室、睡房、地面、桌面、墙面、空中等一切可利用的空间,为幼儿提供一个安全、舒适的区域活动环境,促进幼儿的身心健康发展。区域空间划分应遵循以下原则。

一、整体与部分结合的原则

"幼儿园的一日活动皆课程。"区域活动只是幼儿园课程的一部分,在进行空间规划时,要充分考虑幼儿的学习、游戏、生活等需要,在整体规划后再进行局部布置。活动室空间除了要设置区域活动空间外,还要设置开展幼儿

进行交流。

落实开放与围合平衡的原则,在开展区域活动时,能使区域的氛围活而不乱,场面既安静又灵动,为幼儿提供能真正促进其身心快乐成长的空间。

三、室内与室外互补的原则

在区域环境的设置中,除在活动室内设置各区域以外,还应合理运用幼儿园的角落与场地,将室内和室外的资源进行有效整合,从而实现室内环境相对安静与室外环境相对喧闹的互补;室内活动常规相对规范与室外活动常规相对宽松的互补;室内活动内容相对严谨与室外活动内容相对开放的互补,通过多种不同环境的教育作用,促进幼儿全面发展。

在开发室外场地时,除了注重传统场地,注重提升幼儿的体能,教师还应在室外开辟一些能让幼儿与大自然亲密接触的活动区域。如:可设立开放式沙水区,幼儿可以在一种自然的状态下运用已有的多元经验,用沙子、水进行想象、创造,在与同伴合作的过程中享受成功的快乐。又如:可巧妙利用幼儿园的地形特征,在室外设置一个探险区,探险区对幼儿来说有着极强的诱惑力。教师在高低不平的土丘上设置了障碍,土丘下隐藏着一个特别设计的时光隧道(见图2-4、图2-5),幼儿在跨越一道道障碍的同时,还需克服怕黑的心理,大胆穿越时光隧道,在探险的过程中幼儿克服困难的能力得到了提高。因此,室内与室外互补的原则,不仅赋予了幼儿无限的想象、表现的空间,还能充分满足其身心健康、认知建构、交往合作等方面的需要。

图2-6是班级区域划分平面图。

第二章　区域环境的准备与创设

图 2-4　室外的区域活动

图 2-5　特别设计的时光隧道

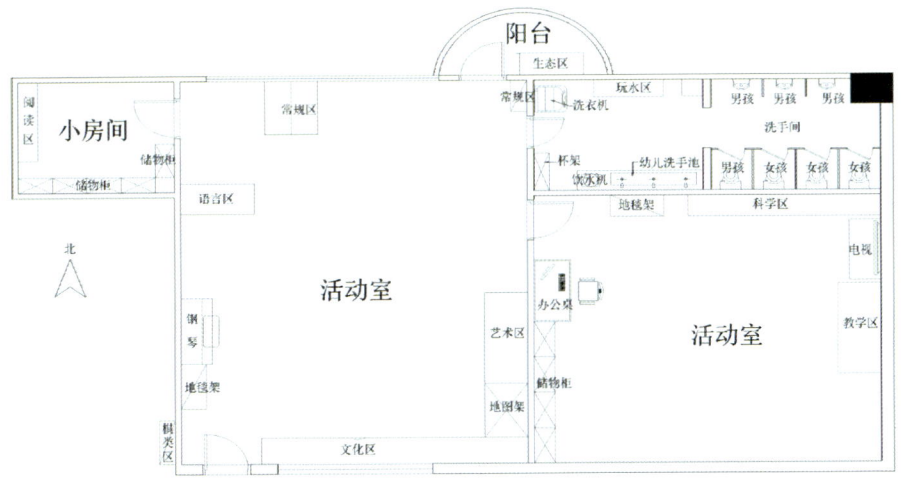

图 2-6　班级区域划分平面图

第二节　区域环境的规划方法

为了给幼儿提供一个科学、有序、有准备的环境，并引导幼儿自主、快速、准确地选择区域活动，幼儿园可利用多种物件开展空间规划，也可通过对空间再次装修进行空间规划。多元化的空间规划使区域环境更为科学、美观，使得各类不同性质的区域活动在环境中得以有效开展。

一、空中设计法

空中设计法是通过利用装修吊顶、悬挂材料、安装各类灯饰等不同方法对活动室的空中位置进行规划，通过活动室空间的变化而形成不同的区域环境，并营造出不同的区域氛围。

（一）装修吊顶

教师可根据区域活动特征、活动时所需要的氛围，通过对活动区域的天花板进行小规模的装修或装饰，形成空中吊顶（见图2-7），从而对区域进行划分。吊顶这种方法对房屋有一定的改变，因此在区域规划的预备期就要完成。同时，由于吊顶难以在后期反复变化，教师在规划时需要根据活动室的环境、班级文化氛围、活动区的要求，从颜色、造型、高度等方面设计吊顶，使吊顶既具有划分空间的作用，又能起到美化与优化环境的作用。

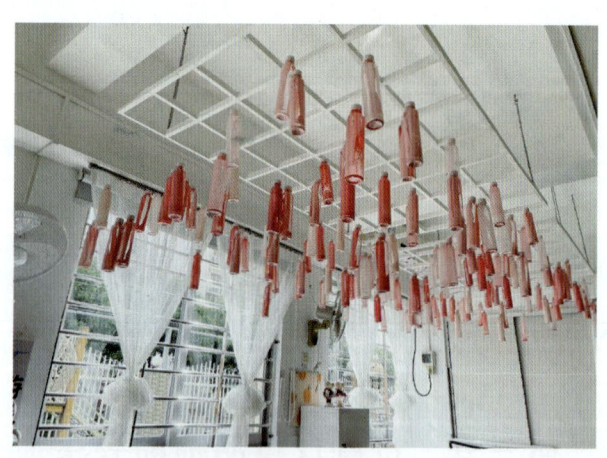

图2-7 空中小型简易吊顶

（二）悬挂材料

教师也可利用各种不同的材料对活动空间进行划分。在选择悬挂材料时，教师应根据活动室的高度、面积以及区域划分的实际需求，选择适宜的数量、种类、色彩。在放置悬挂材料时，教师应考虑幼儿的视线范围，选择合适的悬挂高度。这种方法既可以用来对区域进行局部划分（见图2-8），又可以使其起到装饰活动室的作用（见图2-9）。

图2-8　工艺品悬挂

图2-9　自然物件悬挂

（三）安装各类灯饰

在区域活动中，幼儿主要通过与材料的互动来实现自我发展，活动中的观察、操作、记录、阅读等都需要幼儿用眼、用手参与活动探索。从保护幼儿身心健康的角度思考，区域环境中需要保证足够的光源，以保证幼儿的用眼卫生。不同种类的灯具，既可以在区域环境中作为照明的工具，也可以作为区域环境规划的工具，实现区域环境创设的多样性。在运用灯具规划区域时，可以根据该区域的特点及已有的环境特色选择适合的灯具。教师可选择单一灯具，也可以选择组合灯具，还可以选择不同种类的灯具进行组合呈现，使多元化的灯具不仅承载区域规划功能，还成为区域环境美化中的点睛之作（见图2-10、图2-11）。

图2-10 环境中的单一灯具

图2-11 环境中的组合灯具

二、物件围合法

物件围合法就是利用一些地面隔断物体把区域环境划分成若干区域。这种分割的方法具有灵活、方便、易变化、可随时调整和移动等特点，是幼儿园区域空间划分的主要方式。

（一）柜子桌椅

这种方式主要是利用幼儿园配置到班级的活动柜、桌子、椅子进行环境规划（见图2-12、图2-13）。在利用这些物品时，主要是通过柜子、桌椅的高矮进行搭配，并通过物品的不同摆放方向，形成活动室中不同空间大小的区域环境，或形成相对封闭或相对开放的活动区。利用活动柜、桌椅进行空

图2-12 桌子与矮柜的围合

图2-13 高低柜的围合

间划分，无须园所支付另外的费用，这种方法是区域环境规划中使用最多的方法。

（二）屏风物件

幼儿园可用屏风物件进行区域环境规划。屏风物件可以是幼儿园购买的，也可以是幼儿园所在地的自然物或特色物。运用屏风进行区域规划（见图2-14、图2-15），最显著的优点是非常灵活和多变，可以满足因特殊情况而偶尔开展的区域活动的需要。教师可在必要时将原来的区域进行临时划分，使幼儿更好地参与区域活动。而对于当地的自然物或特色物，则要因地制宜地选择，并进行环境设计。这些物件不但可以用于划分区域，更是对环境的进一步美化。

图2-14 运用屏风规划区域

图2-15 运用装修物规划区域

三、角落设计

角落设计就是充分利用班级环境中一些平时不太好规划的边缘地方，通过利用物件或改造，使这些地方能够重新具有教育功效，再次发挥教育作用，这样既可丰富区域活动内容，又可拓展区域活动空间。

(一)物品隐藏

随着社会越来越重视幼儿心理健康,在区域中创建一个适合幼儿放松身心的环境,可以使区域的教育功能更为全面。这一环境称为放松区或放空区。幼儿在这一区域可以完全放松、放空自己,舒缓情绪或调整心情。在设置这一区域时可以运用小帐篷(见图2-16),也可以运用小木屋(见图2-17)等不同的物品,将其放置于活动室的角落即完成这一区域的创设。

图2-16 角落布艺小帐篷

图2-17 角落工艺小木屋

(二)悬挂隐蔽

随着区域活动的发展,不少幼儿园纷纷创设光影区。光影区需要屏蔽光线,最好有暗黑的活动室。但当幼儿园的场地不足时,可以运用遮光布在活动室的角落创设出一个隐蔽、无光线的活动区域(见图2-18),通过这个光线暗淡的空间,为幼儿进行光影探索提供空间。用遮光布打造这一空间时,挂布的轨道最好紧贴天花板,使遮光布上达空间顶部,下至地面,减少光线的进入。

图2-18 布帘形成的小区域

四、地面改造

地面改造这一规划区域环境的方法，或多或少都需要借助一定的装修工程对环境进行部分改造，而这一改造主要集中在活动室空间的地面。通过地面改造可使原来的活动空间增加层次感。

（一）地台

根据区域活动的需要，在教室的某一处地面修建一个高于地面的平台，使这个平台形成一个满足班级预设区域需要的活动空间，这个地面平台就是下面要介绍的地台（见图2-19、图2-20、图2-21）。在活动空间里打造一个地台，可以使空间的视觉效果更有层次，也更为丰富。在平时活动时，幼儿上地台需要脱鞋，使台面比地面更干净，非常符合需要铺地毯进行活动的区域使用。在修建地台时，台面不要太高，既方便幼儿上下又保证幼儿的安全。

图2-19 教室一角小地台

图2-20 柱子边的地台

图2-21 活动室的大地台

（二）操作台

图 2-22 操作台

区域活动更强调幼儿亲身体验、动手操作，区域材料的可操作性需不断加强。在区域环境中通过小型改造，修建一个真实的可用于幼儿生活操作或实验操作的操作台（见图 2-22），这些有水源、有电源的操作台，可方便幼儿操作生活区"真生活化"的食材，或者让幼儿探索科学区的实验材料。修建操作台既需要考虑幼儿的身高，还要考虑台面的宽度，使幼儿方便使用台面和放在台面的任何物品。

第三节　区域环境中标识的指引

在区域活动中，教师通常会设计出各种不同的标识，用标识规范区域环境的物品陈放、设定区域活动中的有关要求，以促进幼儿更有序地开展活动，同时引导幼儿建立良好的活动常规。这些标识会出现在活动柜、托盘、桌子、操作毯以及地板上等幼儿活动的各个环境及空间中。充分发挥标识的教育作用，使幼儿在进入不同的区域后就能得到相应的刺激与暗示，明白在区域活动中要遵守的规则，在潜移默化中培养幼儿的规则意识以及自我管理能力。

一、活动柜上的标识

活动柜的标识是指各个区域柜子中的不同记号，这些记号以不同的方式呈现，方便幼儿在区域活动中清楚地取放材料，建立良好的区域活动常规。

（一）标识的作用

1．有利于物品摆放有序

为了方便幼儿选择与取放区域活动材料，材料一般以开放的形式呈现在活动柜中。这对材料的摆放方式有很高的要求，材料一旦摆放得不整齐，就会使整个活动环境显得参差不齐、杂乱无章。如果贴上各种物品摆放标记，就可以使材料的摆放整齐有序，使整个环境协调和美观。

2．有利于区分不同区域

在不同的区域里贴上有某一共性特征的不同标识，可以引导幼儿在选择、取放材料时，通过标识来清楚地辨别不同的活动区，如：语言区用标有不同数字的红色爱心，数学区用标有不同数字的绿色爱心，幼儿完成活动在整理材料时，可以先根据标识的颜色找到相应区域，再通过数字找到材料所在的具体位置。

3．有利于建立良好的常规

在个别的区域探究活动中，教师的指导压力比指导集体活动的压力要大，此时应发挥环境的作用，通过环境的暗示来引导幼儿自主地开展活动，减少教师维持常规的时间和压力，这时标识的作用不容忽视。教师合理、科学地设计活动柜中的标识，通过标识来帮助幼儿选择材料、整齐地收放材料，既能培养幼儿独立选择活动的能力，又能使幼儿养成有始有终地进行区域活动的良好习惯。

（二）标识与幼儿年龄的匹配

教师在设计活动柜的标识时，应根据幼儿的年龄特点和学习能力，设计出幼儿能快速辨别的标识。

1．小班

在区域活动中，小班幼儿的思维方式特点以直观性和具体形象性为主，小班幼儿比较容易记住自己感兴趣的、印象鲜明的事物。因此，在选择标识时，教师可用一些来自生活中的、幼儿喜欢的、简单易记的标识。如，教师可

图2-23 小班动物图案标识

购买有立体凸起的卡通贴纸来做标识，幼儿在取放活动区材料时能够很直观地感受到标记的真实性和立体感；教师也可直接用笔在颜色底板上勾画出简单的动植物、水果的轮廓（见图2-23），这些图案都与幼儿的生活息息相关，幼儿易辨好记。

2．中班

中班幼儿的规则意识初步形成，有了初步的概括分类能力，对自己感兴趣的事物具有较强的探究愿望。在选择中班幼儿的区域标识时，教师可以选用几何图形（见图2-24）、20以内的阿拉伯数字、各种交通工具图案等，这些图案都会配以不同

图2-24 中班几何图形标识

的颜色底板，用以区分不同的活动区域。在使用这些标识的过程中，幼儿不仅能正确认识数字、几何图形，还能学会对事物进行分类，标识中蕴含的隐性教育作用不容忽视。

3．大班

随着年龄的增长，大班幼儿的抽象逻辑思维开始萌芽，他们喜欢用分类、比较、推理等不同的思维方式探索事物的规律，对文字也表现出极大的兴趣。因此，大班的教师应选用抽象的符号或者数字作为标记。如：可选择

第二章 区域环境的准备与创设

一些简单的易懂易记的汉字（见图2-25）、单一的英文字母、50以内的数字以及简单的数字符号作为标识，将标识用正规的字体打印出来，配上不同颜色的底板，分类投放到各个区域，使幼儿在活动中的各项经验得到潜移默化的提升。

图2-25 大班简单汉字标识

（三）标识与区域特性的匹配

在标识的设计中，除了应考虑幼儿的年龄特征，教师还应考虑区域间的不同特点，通过设计一些与本区域内容相关的标识，帮助幼儿更好地理解区域的内涵。如：在大班的标识中，语言区可以涉及简单的象形文字（见图2-26），数学区可用到数字或数学符号，常规区可以用一些安全标记或环保标记（节水、节电等）；中班科学区可以用到一些科学家头像（见图2-27）或天气标识（台风标记、大雨、雷电等），美工区用不同的色块做标识；小班科学区选择一些水果、蔬菜、动植物图片，生活区选择一些生活中常用的衣物、鞋袜图片等。这些带有明显区域特征的标识，既能帮助幼儿以最快的方式记住

图2-26 语言区象形文字标识

图2-27 科学区科学家照片标识

各区域的标识，又能在班级区域活动常规培养中起到积极的作用。

除了以上几方面，教师在为活动柜设计各种创意标识时，应注重色彩协调、图形简练、线条清晰；标识的唯一性也很重要，要避免重复的图案或色彩对幼儿造成干扰，让各种标识更好地为幼儿的区域活动提供帮助。

二、操作台上的标识

在活动区环境的创设中，教师可以利用一些精致小巧的装饰物在桌子和操作毯上进行标识，这些标识不仅能科学地将活动区的地面划分成若干区域，还能很好地限定各区域的进区人数，对区域活动的正常开展、区域常规的建立、幼儿自主性探究活动的进行都能起到很好的促进作用。

（一）操作毯上的标识

操作毯上的标识是一种物化了的常规，其作用是帮助幼儿按照操作毯上的标识，独立地将操作毯和操作材料摆放到指定位置，使幼儿快速有序地进入下一步的操作活动。

1．作用

操作毯上的标识一般用两个相同的标识设计在它的对角处。一个标识用于操作毯与地面操作毯摆放标识的对应，帮助幼儿独立收放操作毯，另一个标识则引导幼儿在操作毯上正确摆放盛放操作材料的器皿。

2．选择

选择操作毯上的标识时，要尽量做到简洁、小巧，以免标识过于繁杂而对幼儿在操作毯上的探索造成干扰，一般选用圆点、小花等图案。

3．固定方法

区域活动中的操作毯一般是纺织品，表面粗糙，且经常需要用水消毒清洗，用胶粘的形式在上面做标识，不容易固定。因此，教师在固定操作毯上的标识时，最好采用缝制的方法，这样，操作毯上的标识不容易脱落，也方便操作毯的清洁。

操作毯上的标识应与地板上的点、线、框等标识配合使用,便于幼儿在区域活动中明确操作毯和操作材料的摆放位置以及自己探索材料时的位置(见图2-28、图2-29)。

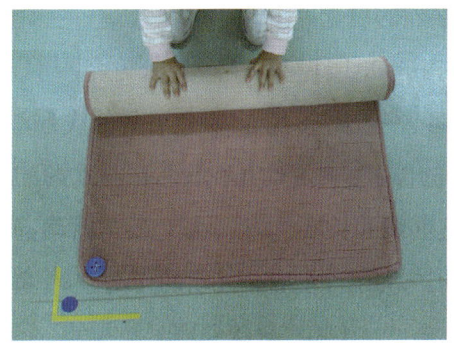

图2-28 大操作毯标识与地板标识

图2-29 小操作毯标识与地板标识

(二)桌子上的标识

为了最大限度地使用桌面空间,保证在同一桌子上操作活动材料的幼儿不相互干扰,教师可利用各种标识来限定每张桌子的操作人数,并通过标识来规定幼儿在开展活动时所处的位置(见图2-30)。

图2-30 桌子上的标识

三、地板上的标识

在区域环境的创设中,活动室的地面、墙面、桌面被充分利用,教师设计的每一个点、每一条线都具备潜在的教育功能,幼儿在这种宽松、自由的环境中能够得到和谐发展。书中所提及的地板上的圈、线、点等,在区域活动中各自充分发挥着积极的作用。

(一)地板上的圈

在区域活动中,每一次预备游戏活动、小结活动都需要大家围坐在圈上

过操作材料获得个性化发展,因此可操作是材料最核心的特点。

并不是所有被投放在区域中的材料都具有可操作性。幼儿随意摆弄某种材料,并不能真正促进其思维发展,这种材料也算不上具有可操作性的材料。从以下几方面可以评定材料是否具有可操作性。

(一) 材料操作的半成品化

从材料的性质来看,材料可分为原始材料、半成品材料以及成品材料。原始材料是指没有经过任何加工的材料,这种材料有多种操作方式,没有一定的操作界限,缺乏材料本身的指导性。半成品材料是经过教师加工,并且蕴含教育目标以及教育意图,但又具有一定的开放性,为幼儿留有想象与创造的空间的材料。幼儿需要经过思考、创造才能将材料制成成品。"半成品"能够留给幼儿更多的操作空间和创造空间,以及更多的动手动脑机会。相对于"原材料"来说,"半成品"又蕴含了一定的线索,可以引导幼儿完成自己的作品,是可操作性较强的材料。成品材料是教师经过加工直接投放在区域活动中的材料,幼儿无须进行任何加工就可以直接使用。这也往往导致幼儿只是简单重复地摆弄材料,缺乏对材料操作的独立思考。

(二) 材料结构的适宜化

材料的结构分为高结构化与低结构化,材料的低结构化是相对于高结构化而提出的。高结构化的操作材料是指在操作时有一定的步骤、规则和方法,幼儿只要按照这个步骤、规则和方法就可以完成操作,并且操作结果比较一致的材料。而低结构化的操作材料在操作过程中没有固定的操作步骤、规则和方法,但在材料中隐含部分操作的线索,需要幼儿进行创造性思考,从而形成独特的操作结果。众多低结构化的材料(如废旧用品)可源于幼儿生活。低结构化的材料对幼儿的操作限制较少,幼儿可发挥自己的主观能动性充分地操作材料。

提供适宜的低结构化的材料,对教师来说是一大挑战。提供的材料结构化程度过于低,甚至是无结构化材料,会让幼儿的操作没有目的性,反而不利于其发展,而高结构化的材料往往又会限制幼儿的操作。同时,不同年龄阶段的幼儿对材料的结构化要求也不一样。对于小班幼儿,由于其操作能力相对较弱,教师可提供结构化程度相对较高的材料,随着幼儿能力的发展,教师提供的材料的结构化程度逐步降低。因此,教师只有通过仔细观察,了解幼儿的操作水平以及发展经验,才能提供结构化适宜的操作材料。

二、引导性

所谓材料的引导性是指教师提供的材料应能引导幼儿做出"成品"。引导性是体现活动区教学的教育性和科学性的重要因素。如果我们只强调活动区的材料的可操作性,而忽视材料的引导性,教师在提供材料时就会目标不清晰,材料投放的随意性增强,忽视了材料对幼儿发展产生的作用,所以只有具有引导性的材料才能真正保证教育目标的实现。教师在开发材料时,一定要有明确的教育目标,通过巧妙设计,将教育指导融入材料中,让材料本身暗藏引导特性。也可以说,"材料是幼儿的另一位老师",而幼儿通过与材料的互动实现教育目标。

(一)引导性与可操作性的关系

引导性和可操作性是紧密相连的,可操作性提供了材料的动手空间和创造机会,留给幼儿操作和思考的空间,而引导性明确了材料的操作范围和创造程度,也就是引导幼儿将半成品制成成品。材料的可操作性和引导性密不可分,可操作性能保证幼儿与材料之间充分的相互作用,而引导性能保证幼儿在探究中获得符合教育目标的发展。如果说可操作性强调的是幼儿与环境的直接互动,那么引导性则强调的是在互动基础上实现真正有意义的互动。

(二)引导性与教师指导的关系

我们所说的材料的引导性,并不是说提供材料让幼儿去做就可以了。幼儿的操作永远离不开教师的指导。虽然教师将大部分的指导以物化的方式隐

为幼儿的创作提供多样化的选择。幼儿只有在与众多材料的相互作用过程中，才能充分运用自身的各种感官，看看、做做、试试、比比、想想，以此提升思维能力，理解事物的多样化，不断有所发现、有所进步、有所提高和发展。

（二）数量的充足性

材料的丰富性还体现为材料的数量充足，以满足多数幼儿自由选择的需要。幼儿尤其喜欢模仿，常常会因为同伴的操作材料的新奇有趣而产生对该材料的操作欲望，这就需要有一定数量的材料供幼儿自由地选择使用，以保证幼儿的操作活动可以顺利进行下去。

区域材料是区域活动的物质支撑，是幼儿活动的工具，材料投放是否得当，对幼儿的发展起着决定性作用。只有具有以上特性，区域材料才能充分调动幼儿，让他们主动认识环境，与环境交往，从而积极地投入活动，通过自主探索来获取知识，经过不断摸索和尝试，不断积累经验，提高多方面的能力，最终实现自主性的发展。

第二节　材料的年龄适宜性

在提供材料时，教师不仅需要了解材料的可操作性、引导性、层次性、丰富性等关键特性，也应该从本班幼儿的发展水平出发，了解区域材料的年龄特性。根据皮亚杰的儿童思维发展阶段理论，3—6岁幼儿的思维处于前运算阶段，他们从具体动作思维解放出来，开始依据表象进行思维。因此，教师在创设区域材料时，一定要分析把握各年龄段区域材料的特性，根据本班幼儿的年龄特点设计出适宜的区域材料。

一、3—4岁幼儿区域材料的特性

3—4岁幼儿的思维处于具体形象思维的初级阶段，且有意注意的持续时间较短，只能在较短的时间内做一件事情。在动作发展方面，大肌肉动作技巧获得了较大的发展，并开始初步运用小肌肉来完成简单的活动。在探究方面，他们对世界充满好奇，喜欢接触大自然，对周围的很多事物和现象感兴趣，愿意用多种感官探究室内外的材料。依据3—4岁幼儿的年龄发展特点，区域材料的特性表现在以下几个方面。

（一）材料的外形

相较于中大班幼儿，小班幼儿更容易关注体积较大、立体、形象的物品，因此，小班区域活动材料在外形上要尽可能立体化、直观化，大小要适合小班幼儿的取放及操作。比如，在语言区的故事《小鸡和小鸭》讲述活动中，教师将故事角色的平面图片一张张地贴到小方盒上，幼儿在摆放时，卡片由原来的平铺形式变成立体形式，这样既增加了操作的趣味性，也方便了小班幼儿的操作。

（二）材料的颜色

3—4岁幼儿的注意力容易被无关因素吸引，因此材料的颜色不宜太鲜艳，种类也不宜太多，应尽可能在三种以内，以免分散幼儿的注意力。比如，在"用小花装饰文字"这份材料中，小花的颜色应控制在三种以内，否则幼儿会被小花的颜色吸引，反而忽视了文字的形状，从而使材料失去真正的价值。

（三）材料的数量

小班年龄的幼儿对物品量的理解大概在6以内，因此材料的数量应限定在3~6个。数量太多会超出幼儿的发展水平，且因操作时间过长而使幼儿无法坚持完成任务。材料的操作步骤应简单，便于这一年龄段的幼儿独自操作，并取得活动的成功。

（四）材料之间的差异性

材料的差异性包括材料的颜色、大小、形状等方面，对于小班幼儿来说，材料的差异性越大，幼儿越容易进行比对、辨别和操作。比如，在感官区中的"俄罗斯套娃"这份材料，原有的材料有10个小娃娃，为了让材料更适合小班幼儿，教师只选择了最大、最小和一个中间的娃娃提供给小班幼儿，使材料

（二）材料的颜色

幼儿进入大班后，辨别事物的能力有了进一步提升，同时也积累了更多的颜色认知经验。因此，相对于中班的区域材料颜色而言，教师可以丰富大班的区域材料的颜色，并适度降低色彩的差异性。

（三）材料的数量

随着幼儿数概念的增强，幼儿操作过程中的专注力、持久性有了明显的提高。在中班材料数量的基础上，大班的材料数量可适当增加，一方面能进一步加强幼儿的数概念，另一方面能提升幼儿的学习品质，为大班幼儿进入小学奠定良好的基础。

（四）材料的合作性

大班幼儿在区域活动中有了明显的群体合作欲望，因此，大班材料应具有能引发幼儿进行自发性合作的特点及情境特点，让幼儿在与材料及同伴的互动中解决问题、交流想法，并展现自己的能力。

（五）材料的结构化

随着年龄的增长，大班幼儿的自我意识也逐渐增强，他们更愿意操作动手动脑空间大的材料，而低结构化材料的特性满足了大班幼儿的这种需求，可以让他们尝试以一种或多种方法来解决问题。

第三节　材料的设计原则与思路

材料是区域活动的三大要素之一，也是教师研究的重点和难点。在区域环境创设的过程中，教师必须设计适宜的区域材料，并将其投放到各区域中。区域材料的设计过程其实是将教育目标、教育内容以及教师的指导物化为材料的过程。教师必须认真思考、仔细揣测，才能将这些内容巧妙地融入材料中。那么教师在材料的设计过程中应把握哪些原则呢？在这些原则下，教师又该如何构思材料的设计呢？本节将主要阐述这两方面的问题。

第三章　区域材料的投放与调整

一、材料的设计原则

区域材料是区域环境的重要组成部分，要想最大限度地发挥区域材料的教育作用，教师在设计时就应遵循以下原则。

（一）安全性原则

安全是幼儿教育中最重要的一点，幼儿的身体比较柔嫩，发育不够完善，易受损伤，易感染各种疾病。教师在设计区域材料时，首先要考虑的就是安全性原则。教师在设计区域材料时应从以下三个方面消除安全隐患。

1. 排除可能给幼儿造成伤害的因素

教师在设计材料时如果真正能以幼儿的活动特点为依据，就可以避免一些误伤。这些造成幼儿伤害的因素包括：有的材料较尖锐，会刺伤、划伤幼儿的肌肤，比如，有的木制材料会有小刺，买回来后需要进行打磨加工（见图3-1）；有的过塑材料的边角很容易刮伤幼儿，教师在投放前一定要将边框剪平整，角要修成圆弧形（见图3-2）；有的材料的色彩会刺激幼儿的眼睛；还有的材料的间隙会夹伤幼儿的手指等。

图3-1　打磨后的木质材料

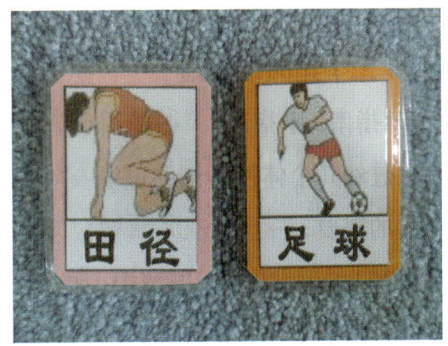

图3-2　剪成弧角的塑封卡片

2. 避免可能造成幼儿疾病的物品

目前很多教师在设计区域材料时会选择一些玩具，通过加工赋予它们教育意义后投入到区域中。在选择这类材料时，教师一定要考虑其危险物含量

(四)情境性原则

幼儿的生活充满了童话色彩,富有情境的事物更能吸引幼儿,激发幼儿深入探索的欲望。在设计活动区材料时,应把握幼儿的这一求知特点,力所能及地将材料内容情境化。目前,一般区域材料都能做到直观化、形象化,但如果同时让材料具有一定的情绪色彩,并加入一定的场景,就能更好地激发幼儿探索材料的兴趣。如:生活区材料——使用小勺,为了让材料具有情境化的特点,教师在开发材料时特别设计了给小动物喂食物的场景(见图3-6、图3-7),情境化的构思让幼儿更乐于操作活动材料。

 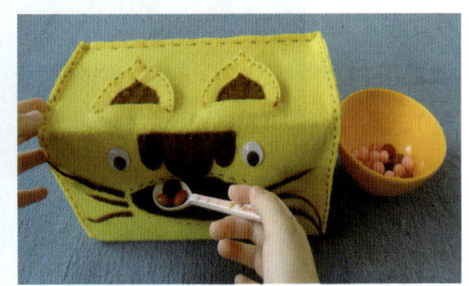

图3-6　材料组成　　　　　　　图3-7　幼儿操作材料

(五)和谐性原则

每个幼儿心里都有一颗美的种子,教师应从美的角度设计区域材料,用材料中的美激发幼儿操作材料的愿望。在设计材料时,首先要分析材料内容,选择与内容匹配的载体来表现内容;其次,一份完整的区域材料由许多部分组成,如盘子、画面、盒子、文字等,在选择这些物品时要从大小、颜色等方面进行综合考虑,使所有的物品组成一份整体和谐、美观的完整材料。例如,在设计科学区材料"水果蔬菜分类"时,教师在设计分类板时根据材料内容选择了水果底板和蔬菜底板(见图3-8、图3-9),使整份材料从内容到操作载体和谐完美。

图3-8 水果蔬菜分类材料　　图3-9 已分好类的材料

（六）方便性原则

幼儿园日常工作非常繁杂，在选择组成材料的物品时，教师应本着方便、就近的原则，从周围的环境中选择适宜的物品来开发设计材料，这样既能节约人力、物力、财力，也能培养幼儿养成珍视身边物品、利用身边物品的良好习惯。在园内，教师可让幼儿收集每次手工活动后的边角余料，并进行设计与再利用。在园外，教师可引导幼儿与家长共同收集身边的各种废旧物品，如包装盒、纽扣、碎布、各种形状的瓶子等。

二、材料的设计步骤

一份看似简单的材料，其实有着丰富的内涵。教师只有通过精细构思，遵循合理的设计思路，才有可能设计出适合幼儿发展需求的材料。下面将一一解读材料设计的基本步骤。

（一）材料目标

区域材料是教育目标的载体，而教育目标通过每份材料的目标来逐一实现。材料的目标对材料设计具有指引性，是设计的第一步，因而教师在设计时必须先明确材料目标，这样才有可能构思下一个步骤。《纲要》明确提出，不仅要关注幼儿的知识和技能的发展，同时也要注重幼儿情感和能力的培

（六）注意事项

教师在完成对材料基本的设计之后，必须进一步思考幼儿在操作过程中可能面临的困难以及教师在指导过程中应注意的问题，这就是材料的注意事项。注意事项有别于操作提示，操作提示一定要能够引导幼儿独立操作，而注意事项则需要幼儿自己加以注意或通过教师提醒来引起幼儿的注意。同时，注意事项又有别于材料解读。材料解读主要从材料本身的角度进行，而注意事项主要从幼儿操作及教师指导的角度出发。在材料设计中，对注意事项的设计要充分考虑幼儿和教师可能会面临的问题，从而能够让幼儿有准备地操作以及教师有针对性地指导。比如，"壁虎借尾巴"（见图3-12）这份材料的注意事项之一是"活动前让幼儿学会操作复读机"，当幼儿操作这份材料时，教师首先应让幼儿学习使用复读机，为操作做好准备，同时教师在个别指导时应关注幼儿对复读机的操作情况。

图3-12 幼儿使用复读机

（七）变化延伸

在完成材料的设计之后，教师必须要思考在这份材料的基础上如何再设计和创新，也就是思考材料的变化延伸。所谓变化延伸，是指教师在设计材料的过程中，从材料的系统性来考虑本材料的可拓展性，也就是考虑如何将本材料从不同的角度进行变化与延伸。区域材料具有层次性与丰富性的特点，而材料的变化延伸是实现材料层次性和丰富性的主要途径之一。教师在材料设计过程中可从以下三个方面进行：一是从增加难度的角度进行变化延伸，可以通过增加内容的难度，也可以通过增加材料数量来增加难度；二是从操作方式的角度进行变化延伸，调整材料操作形式，比如增加操作步骤或者改变操作方式；三是直接更换相关材料内容，但更换的内容仍与原材料存在相关性。如，对于"五指抓通心粉"（见图3-13）这份活动材料，教师可进行变化延伸：将通心粉换成更小的绿豆或小米，逐步增加操作难度；或者要求幼儿将豆子从抓到一个碗中延伸到抓到多个碗中。

图3-13　五指抓通心粉

区域是相互联系的，同时各区域的材料也是相互关联的。每一份材料以个体的形式单独存在于各区域中，同时也以系统的形式存在于单元材料中。因而教师在设计材料时，除了应考虑到每份材料的基本设计步骤，还应考虑每份材料的单元设计背景，从全局的视角进行设计。所谓单元设计背景，也就是解读这个单元所包含的所有材料的共同教育目标、材料的共同特点以及设计意图。具体而言，首先是了解前一单元的材料特点及幼儿在前一单元的操作情况与发展水平；其次是依据了解的内容，阐述本单元所有材料的整体教育目标；最后是简单描述通过何种性质的材料，以及何种内容的材料来实现教育目标。也就是说，单元设计背景解读包括对前一单元的分析和对本单元的教育目标和教育内容的阐述。

上述的这些设计要素主要是通过总结实践经验，从不同视角来解读材料设计的要素。本书后面章节的具体实施方案中的实例也将主要从这几个方面进行描述。当然，材料设计还有其他更多的要素，因此，教师在设计材料时应多角度、多方面地进行思考，力求设计出适宜本班幼儿的操作材料，而不要局限于上述内容。

需求。

2. 幼儿产生了个性化需求

个性化需求是指班级中的少数或个别幼儿因某种原因而产生了新的需求。针对这种情况，教师可在特别研究区投放数量较少的材料，来满足这部分幼儿的需求。比如，某幼儿的家长给他买了一台电动玩具车，这名幼儿在玩耍的过程中，开始对车中的电池产生兴趣。针对这个幼儿的需求，教师可在科学区投放"组装电路板"小实验的材料。

可见，当幼儿出现新的需求时，教师为其调整材料是对幼儿需求行为的肯定及鼓励，更是尊重幼儿的表现，同时也推动着幼儿的发展。

（三）幼儿兴趣点的改变

教师对幼儿操作材料的情况进行细致的观察与分析是调整材料的前提，而幼儿的活动兴趣是教师应首先关心的要素。幼儿对区域活动的兴趣有两方面的表现。一是存在区域特性的兴趣，其具体表现为：在区域活动中，幼儿对某个区域的材料特别有兴趣，都喜欢选择这个区域的材料，而其他某些区域却无人踏足。二是在特定时间对材料感兴趣，当某份材料刚投放到区域中时，很多幼儿争先恐后地操作这份材料，随着时间的推移，这份材料变得无人问津，失去了它最初的吸引力。针对以上两方面幼儿的兴趣点，教师应根据不同原因采取不同的策略。依据幼儿兴趣点的区域特性，教师应该反思该区域的设置是否合理以及区域整体材料的投放是否合理。针对幼儿对某份材料的兴趣特点，教师需要反思这份材料在形式上是否失去了新颖性、在内容上是否失去了挑战性、在操作方式上是否缺少了可变化性。此时，教师要依据观察所得，从不同角度调整材料，提升材料的吸引力。

（四）材料设计中的不足

教师通过投放区域材料，将教育目标隐含在区域材料中。幼儿通过与材料的互动实现发展，因此每份材料的投放都需要教师认真地构思和设计。教师在设计时，虽然依据幼儿现有的发展水平，但仍无法预测到幼儿实际操作时发生的情况。当材料进入区域作用于幼儿时，教师会发现自己精心设计的材料与幼儿的实际发展有偏差，这时教师就需要认真考虑材料的构思，在原有基础上完善材料的设计，进一步调整材料。

此外，由于操作次数过多而导致材料有所损坏，或者在最初设计时由于原材料的限制，材料制作得不够精美，教师需要在以后的活动过程中不断地进行调整。

（五）新主题的产生

集体教学活动与区域个别探究活动是我国最常见的两种课程模式。目前，幼儿园的主题活动教学多以集体活动形式为主。在这种课程背景下，区域材料的调整一定要紧密联系主题活动。尤其是当班级开展了新的主题活动时，区域活动的材料应密切地随着主题活动变化以及幼儿的特别需求而进行调整。这样才能促使幼儿更积极地参与区域活动，主动获取与主题相关的知识经验，使区域活动随着主题不断向前推进。例如，在开展"我运动、我健康、我快乐"这一主题活动时，幼儿对各种运动器械和运动员表现出浓厚的兴趣，于是，教师就在美工区生成了"运动中的人物"这一主题，教师和幼儿共同搜集各种各样的运动器械，还带领幼儿观看了运动赛事，激发了幼儿的兴趣，满足了幼儿的需要。

二、调整的策略

针对不同的区域材料调整的原因，教师应该采取不同的区域调整策略。本书将主要从区域调整的时机来讨论调整的策略，依据不同时机，主要分为三种策略：随机性个别调整、季节性局部调整、阶段性分批调整。

（一）随机性个别调整

随机性个别调整，是指教师主要根据个别幼儿的发展需求及个别材料的情况进行随机调整。在随机性个别调整中，教师首先要利用观察找到调整的原因，比如上一节所提及的个别幼儿的发展水平发生了变化、个别幼儿产生

每学期开始，教师要依据幼儿的整体发展变化，采用阶段性分批调整的方式满足幼儿的发展需求。同时，学期开始，也常常是季节交替阶段，教师也应采用季节性局部调整的方式投放相应的材料。在这个过程中，教师通过观察个别幼儿及材料，调整个别材料。教师通过灵活运用三种调整策略，既满足了幼儿的发展需求，又进一步丰富与完善了区域材料。材料调整的关键在于教师认真观察幼儿与材料的互动，并依据观察结果采用适宜的策略合理地调整区域材料。

第四章 区域活动的组织与开展

区域活动主要是幼儿在一定环境中根据自己的兴趣和能力自主选择活动内容和活动方式的教学形式,它在时间和空间上都是开放的,幼儿可以自己决定学习的速度,可以自由选择活动区。[1]

区域活动突破了传统的集体授课的教学形式,能较好地尊重幼儿的个别差异,使幼儿的兴趣、爱好、发展水平都能得到充分的展示。幼儿园要有效地开展区域活动,就应该认真分析实施活动所涉及的相关教育因素,重新建立区域活动常规,转变教师的观察与指导行为,真正使区域活动促进幼儿富有个性地发展。

第一节 活动的规则解析

区域活动中的规则是幼儿在开展探索活动时必须遵守的常规。合理的区域规则,一方面是区域活动顺利开展的前提和保障,另一方面也可以培养幼儿的自律行为和社会责任感,促进幼儿的社会性发展。幼儿通过在区域活动中遵守与执行规则,逐步理解规则的意义,从而学会在集体环境中调整自己的行为。区域活动在开展过程中包括不同的环节,而在不同的环节中,幼儿所要遵守的规则也不一样。

一、区域环境中的规则

区域活动开展初期,教师要与幼儿共同商议并讨论每个区域的活动要

---

[1] 霍力岩,等. 幼儿园课程开发与教师专业发展——比较研究的视角[M]. 北京:教育科学出版社,2006:165.

一、初始阶段的对策与建议

俗话说,"万事开头难"。以个别化教学为主的区域活动,在幼儿入园的初始阶段时,教师会面临幼儿的情绪不稳定,对幼儿的发展不够了解,要同时指导有着不同学习风格、不同学习节奏、不同学习兴趣的很多幼儿开展活动等多方面的困难,这使区域活动的开启异常艰难。从以下几个方面建立初始阶段的教育策略,能够有效地帮助教师顺利渡过难关。

(一)初始阶段的准备

1. 静态的准备

(1)温馨适宜的教室环境

教室里的各种物品——活动柜、桌子、地毯、盛物的器皿、装饰品——搭配要和谐,标志线以及标志的色彩要柔和。教师要通过创设区域环境,营造一种温馨、典雅、安静的氛围(见图4-5、图4-6、图4-7、图4-8)。

(2)科学合理的区域划分

幼儿活动场地的布局要合理,各区域的材料分量要把握好。小班开始阶段的重点区为生活区、感官区、艺术区、社会理解区等,其次为数学区、科学区,最后为语言区、文化区。

图4-5 素雅别致的生活区

图4-6 色彩和谐的美工区

第四章 区域活动的组织与开展

图4-7 整齐有序的感官区

图4-8 舒适安静的语言区

(3) 精美丰富的区域材料

首先,每份区域材料应当精美,通过第一视觉印象吸引幼儿,激发幼儿探究的欲望。其次,每份区域材料都要具有极强的可操作性,操作步骤不能太复杂,要遵循由易到难、由简到繁的原则,逐渐加大操作的难度。

2. 动态的准备

(1) 建立最基本的班级常规

对于新入园的幼儿来说,先要稳定情绪,建立基本的生活和学习秩序,例如,教师可确定每名幼儿的座位,用音乐来指引幼儿坐到座位上、休息等。教师要用精彩的故事吸引幼儿,用动感活泼的律动带动幼儿、稳定幼儿的入园情绪(见图4-9),使幼儿乐意遵守集体规则,逐步适应集体生活。

(2) 组织圈上游戏活动

圈上游戏可以使幼儿认识圈内、圈外和圈上的线,教师与幼儿一起坐在线上,围成圆圈,教师成为平等的团体中的首席。教师可以组织幼儿做

图4-9 活泼的圈上律动操

许多圈上游戏，如：圈上的走线游戏、谈话游戏、模仿游戏、操作游戏、无声游戏等。幼儿伴随着柔和、舒缓的音乐，在大圆圈的线上轻轻走动，既可以让幼儿快速安定下来，又能发展幼儿的平衡性。经过一段时间的练习，幼儿一听到熟悉的音乐就知道该做什么了，幼儿会在宽松、自由的状态下自然而然地进入各区域开始探究活动。教师还可以让幼儿在圈上练习走钢丝游戏，幼儿双手托积木走，同时不能让积木掉下来，要保持身体平衡，为以后取放材料、拿稳托盘打下基础。

（3）开展安静的游戏活动

这个活动可以帮助幼儿发展自我控制的能力。当教师出示有安静画面或安静标志的图片时，这个游戏就开始了。当游戏进行时，幼儿会尽可能地保持安静，同时必须闭上眼睛并试着保持不动，教室里一点儿声音也没有；幼儿保持几分钟的安静状态后，教师常常会小声地呼唤每个幼儿的名字，当幼儿听到自己的名字时，他必须蹑手蹑脚、非常安静地走到教师身边。这个游戏还可以帮助幼儿专心倾听，以及不发出声音地在教室里走动。[1]

（二）以轮换的形式逐步开展区域活动

1. 准备阶段的开展

这是为更好地全面开展区域活动而进行的前期准备，活动主要以建立正确的取放地毯、取放材料等区域活动常规而开展。此阶段幼儿的在园情绪还不够稳定，因此在开展区域活动时室内人数不宜过多，可采取分批进区的方式开展区域活动。具体方法为：两名教师分别带6~10名幼儿在室内开展区域活动，其余幼儿由保育员带到户外活动场地开展游戏、律动或玩玩具等小团体活动。

---

[1] WOLE A D. 一间蒙特梭利教室[M]. 萧丽君，译. 台北：及幼文化出版股份有限公司，2005：91.

（1）第一阶段活动：重点为如何取放操作毯

教师先展示取、铺、收操作毯的步骤，然后请幼儿三人一组进行操作，操作完后教师点评幼儿的操作情况，再请另外三名幼儿操作，最后进行小结。室内幼儿完成活动后与户外活动的幼儿进行交换。

（2）第二阶段活动：重点认识材料的标识，学会取放材料

认识材料的标识就是让幼儿学习了解每份材料的门牌号码。门牌号码一般有两种形式：一种用数字表示，幼儿经过多次的感官刺激就会认识，也为数学区的学习做铺垫；另一种用图案做标识，图案标识必须精美，有欣赏价值。值得注意的是，教师做的每份材料的标识要有其内在的目标和意义。这一阶段取放材料的过程包括：记清材料在活动柜中的位置、从活动柜中取出材料、平稳地端材料走动、轻轻地将材料放至正确的操作台面处、将材料收回并放到柜中正确的位置。本阶段活动中幼儿的操作步骤为：取操作毯—铺操作毯—从区域活动柜中拿材料—将材料放在操作毯的右下方—收材料—收操作毯。

2. 初期个别区域活动的开展

虽然区域活动已开展，但幼儿并没有真正地与材料展开互动，区域内的所有材料对每个幼儿来说都是全新的，如果全体幼儿同时进区操作材料，教师将无法很好地开展一对一的个别指导，因此，教师要做到分步骤、有选择地开放区域。

（1）第一阶段活动：重点为教师指导下的材料探索

最初可只开放一个区域中1~2个活动柜的材料（8~16份），其他区域的活动柜开口先朝墙面。

教师向全班幼儿介绍区域名称、该区域中几份特别有吸引力的材料名称及材料摆放的位置，在征询幼儿参与区域活动的意愿后，请3~6名情绪稳定、能力略强的幼儿按前期的区域活动常规要求开展第一次区域活动。活动步骤为：取操作毯—铺操作毯—从区域活动柜中拿材料—将材料放在操作毯的右下方—幼儿与材料互动及教师指导—收材料—收操作毯。

(2) 第二阶段活动：重点为同伴作用下的材料探索

在这一阶段的区域活动中，开放材料数量、内容与第一阶段相同，教师在尊重幼儿参与活动意愿的前提下，尽可能在保留第一阶段参与活动的幼儿的基础上，新增加3~6名幼儿。在活动中，教师要引导幼儿与同伴相互学习，通过同伴的作用减轻教师指导的压力，教师则将较多的精力用于指导新加入的幼儿的活动。活动步骤为：取操作毯—铺操作毯—到区域活动柜拿材料—将材料放在操作毯的右下方—幼儿与材料互动及教师指导—收材料—收操作毯—活动小结。

(3) 第三阶段活动：重点为计划下的材料探索

当部分幼儿已经养成了遵守区域活动常规的良好习惯时，教师可适当地增加区域的开放数量，并逐步增加参与区域活动的幼儿人数。在这一阶段，教师还应引导幼儿在活动前尝试制订当日的活动计划（见图4-10），让幼儿逐步养成在计划中开展区域活动探索的习惯。因为这一时期幼儿对材料还不是很熟悉，其语言表达能力也有待提高，所以幼儿在制订计划时，教师应允许幼儿采用讲述的形式，

图4-10　幼儿制订计划

也可以让幼儿用行动指示的方式进行表达。活动步骤为：制订活动计划—取操作毯—铺操作毯—到区域活动柜拿材料—将材料放在操作毯的右下方—幼儿与材料互动及教师指导—收材料—收操作毯—活动小结。

3．全面开展区域活动

当大部分幼儿能够遵守良好的区域活动常规后，教师应开放区域内所有的活动柜，按正常的区域活动程序全面开展活动（见图4-11、图4-12）。

图4-11 桌面上的探索活动

图4-12 操作毯上的探索活动

要合理、科学、全面地开展区域活动，就一定要在区域活动开展初期做到有计划、有目标、有步骤，遵循循序渐进的原则，这样才能顺利地为新入园的幼儿开启区域活动的大门，实现真正意义上的"个别化"教育。

二、活动实施的程序与技巧

每一次区域活动都是一个完整的学习过程，更是一次完美的体验。对幼儿来说，每一次的探究都值得期待。因此，教师既要注重区域活动的完整性，也要考虑单次区域活动实施的程序与技巧。

（一）区域活动实施的流程

一次完整的区域活动由初始阶段、探索阶段、导向阶段和结束阶段四个阶段组成。

1. 初始阶段

初始阶段是单次活动实施的第一个阶段，包括两个基本活动：预备活动与计划活动。

（1）预备活动

预备活动是区域活动的重要环节。预备活动不仅能够帮助幼儿稳定情绪，使幼儿尽快进入区域活动状态，而且有利于幼儿在安静的状态下真正吸收所学的内容。因此，在每一次区域活动开展之前，教师都会为幼儿播放一

捕捉幼儿在活动中的各种信息，给予及时而适当的引导，让其在获得成功的同时提升自信心。

4. 结束阶段

结束阶段是单次活动实施的最后阶段，主要包括两个活动：集体律动和分享交流。

（1）集体律动

律动就是在"音乐语言"的指导下听、有规律地做动作。集体律动比较生动活泼、富有趣味性、感染力很强，又是幼儿极易接受的，对幼儿的身心发展和智力开发都具有重要作用。集体律动在短期内可以使幼儿具有最基本的音乐才能和乐感，让幼儿感受和欣赏音乐。乐感包括曲调感、节奏感、声听觉等，而在实践活动中培养幼儿节奏感的最好方法就是律动。

①音乐的选择。

小班阶段：应该以轻松、愉快、轻柔以及重复性较强的音乐为主，风格上可以比较随意，最好多选经典性的音乐作品。

中班阶段：特别是在中班后期，可逐步加入具有明显民族个性、不同风格的中国音乐。

大班阶段：具有明显的地域特点、异国风格的音乐，以及情绪健康向上、刺激适度的少量成人音乐，都可以作为律动的音乐。

②动作的选择。

A．生活动作：走、跑、跳、拍手、点头、屈膝、摇晃手臂等。

B．模仿动作：模仿动物的动作，如鸟飞、鱼游、兔跳等；模仿自然界的现象，如花开、下雨、风吹等；模仿日常生活的动作，如洗脸、梳头等；模仿成人的劳动或活动，如摘果子、采茶等；模仿幼儿游戏中的动作，如拍皮球、玩跷跷板等。

C．舞蹈动作：经过多年的文化积淀、已经基本程式化的艺术表演性动作（如碎步、小跑步、垫步、踏点步等）。

在小班早期阶段，教师在选择动作时首先应考虑以"生活动作"为主，同时注意逐步增加"模仿动作"的比重。另外，简单的舞蹈动作在小班中后期应一点一点地加入幼儿的学习内容中。在中班阶段，应注意提高"模仿动作"的比例，一些难度稍高的基本舞蹈动作在总体学习内容中的比例也应开始逐步提高。到了大班阶段，模仿动作和舞蹈动作已经逐步成为主要学习内容，而生活动作则会逐步退居次要地位。

③时间的选择。集体律动时间一般控制在15分钟以内，一部分幼儿可以完成如厕、喝水等生活环节，另一部分幼儿可以边做律动边等待，最后大家共同完成集体律动，为下一个教学活动做准备。

(2) 分享交流

分享交流活动是教师组织全体幼儿回顾学习过程、讨论操作结果、梳理和提升学习经验、达成对问题的共识的重要环节。通过这一环节的交流、讨论和梳理，教师不仅能够了解幼儿对学习内容的掌握情况，检验幼儿学习的效果，还可以开阔幼儿的眼界，拓展幼儿的思维，放大教学活动的实效（见图4-14）。

图4-14 分享交流

①审视分享内容。小结是教师与幼儿共同对教学中所遇到的"学的是什么""可以怎么学""应该怎么学"的问题的归纳。因此，小结的内容应围绕学习活动的重点（关键经验）、幼儿学习的难点和幼儿学习的品质来进行。

对关键经验进行小结应注意：第一，教师自己对本次活动的关键经验要有清晰的认识，否则就会把不是重点的问题误当成重点，使小结走偏。教师如果没有认识到这一关键经验，在小结时就会拘泥于幼儿的一些枝节问题。

第二，要立足于幼儿对关键经验的真正理解，而不是机械背诵。

集体小结是一种可以帮助幼儿寻找有效的认知策略，从而化解学习难点的十分有效的教学措施。教师可组织幼儿进行讨论，最终通过小结使出错的幼儿认识到，眼睛有时会受到物体各种形式的"欺骗"。

学习品质直接关系幼儿学习的成败，在集体小结中教师可引导幼儿讨论"应该怎么学"，这有助于培养幼儿良好的学习品质。例如，在小结学习常规时，教师可让幼儿讨论"在别人回答问题时，我们要怎么做""做完自己的活动以后，应该怎么处理材料"等问题来强化幼儿的学习品质。

②选择分享方式。

A．回答归纳法：对操作步骤进行梳理。

B．完整演示法：对操作结果进行确认。

C．问题探讨法：帮助幼儿解决困难。

③把握分享时间。

集体小结的时间视情况而定，要根据具体情况具体安排时间的长短。如果幼儿的兴趣浓厚，时间充裕，那么教师可以多评价；如果影响到下一个教学环节，教师可以在一日活动中逐步完成小结讨论。

为了保障区域环境的顺利创设与区域活动的组织实施，让幼儿成为区域活动的主人，教师要在教学实践中，从区域的空间划分、基本设施的提供、材料的设计和准备，到区域活动的组织与开展等方面，认真思考，精心准备，反复调整，不断提升区域活动的品质，真正发挥区域活动的教育作用，有效促进幼儿的主体性、探究性、独特性和创造性的发展。

三、区域活动的启动方式

区域活动是幼儿自主选择与自主操作的课程模式，各区域通过区域材料实现区域的教学目标。由于各区域的空间以及操作材料的数量有限，因此各区域所容纳的幼儿人数也是有限的。科学确定各区域的幼儿人数是教师在指导过程中需要注意的问题。教师应采取策略让幼儿分层有序地进区，同时合理地分布各区域的幼儿人数，这一方面能够避免幼儿因为材料或空间的问题而发生冲突，另一方面也有利于幼儿均衡地利用各区域的资源。在具体实施区域活动时，教师会根据在单次启动区域活动时选用的方法（是分层进区法还是自然进区法）对幼儿进行适宜的分流。

（一）分层进区法

分层进区法是指在有组织的集体活动中，教师根据幼儿当天的区域活动计划，引导他们有层次地进入区域活动的方法。

1. 第一层：已"预约操作"的幼儿

区域活动中的预约操作分两种情况：一是由于操作过程中的程序比较复杂，且一定要在成人的指导下完成；二是由于材料本身的特殊性，在活动前需要家长与幼儿共同准备。

在有"预约操作"的区域中，教师会设计"预约操作表格"，幼儿根据自己的需求及自身发展水平，用不同的形式自主填写"预约操作表格"。比如，针对小班幼儿，教师可设计"印章盖名字"的方式（见图4-15），中班可设计"贴名字"的方式（见图4-16），大班幼儿可设计"自主撰写名字"的方式。当预约人数满后，其他幼儿便无法再预约，这一方式能够有效地限制进入该区域的幼儿人数。例如：食品区中"小小点心师"的活动，由于点心制作的过程比较复杂，幼儿需要在教师的指导下完成，同时还需要家长和幼儿提前准备好鸡蛋、面团等材料，所以需要幼儿提前预约该活动。因此，教师在采用分层进区法时，应先让已预约操作的幼儿进入活动区域。

2. 第二层：持"优先操作卡"的幼儿

在区域活动中，让幼儿持有"优先操作卡"（见图4-17）主要有两种原因：一是由于材料操作程序比较复杂，或者幼儿在活动一开始没有选择这份材料，导致幼儿无法在区域活动时间内完成；二是某些材料设计了"记录单"，幼儿无法在单次的区域活动的时间内完成。在活动结束时，这两类幼儿可将

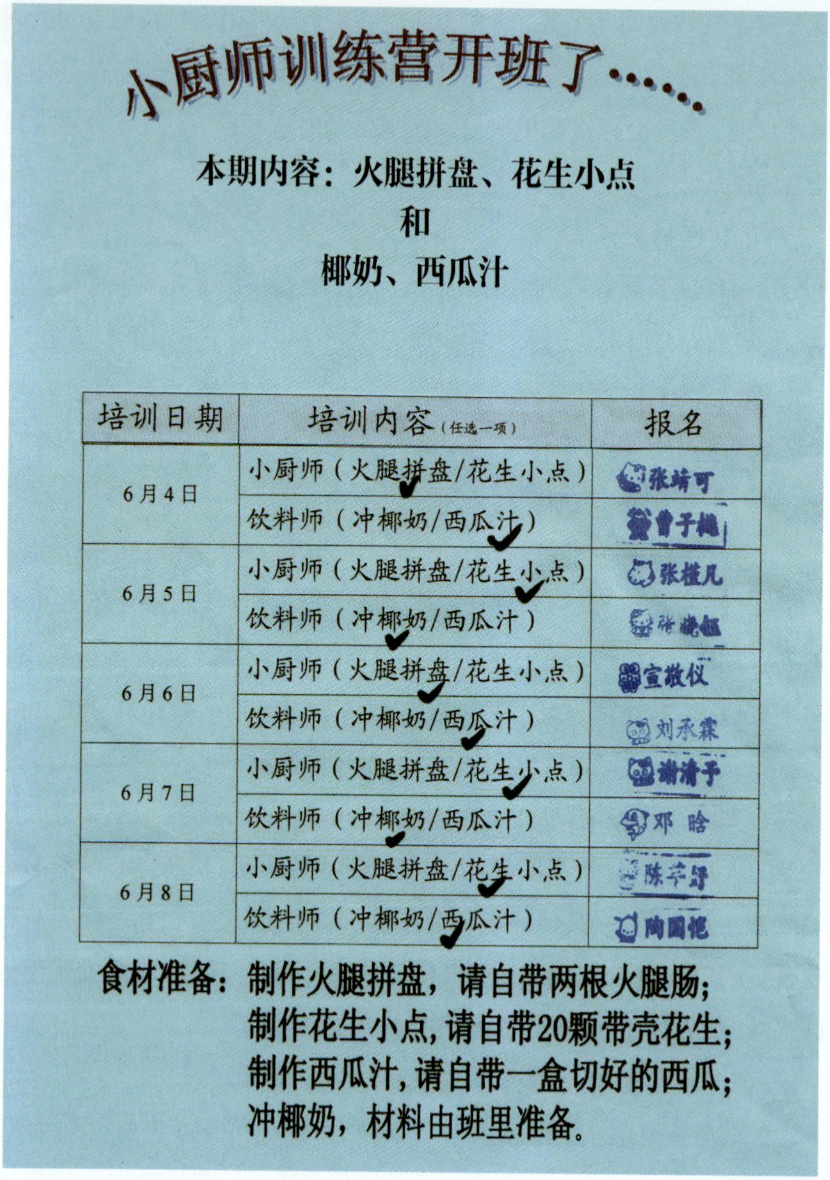

小厨师训练营开班了……

本期内容：火腿拼盘、花生小点和椰奶、西瓜汁

培训日期	培训内容（任选一项）	报名
6月4日	小厨师（火腿拼盘/花生小点）	张靖可
	饮料师（冲椰奶/西瓜汁）	曹子樵
6月5日	小厨师（火腿拼盘/花生小点）	张楚凡
	饮料师（冲椰奶/西瓜汁）	张瀚锟
6月6日	小厨师（火腿拼盘/花生小点）	宣敬仪
	饮料师（冲椰奶/西瓜汁）	刘承霖
6月7日	小厨师（火腿拼盘/花生小点）	谢请予
	饮料师（冲椰奶/西瓜汁）	邓晗
6月8日	小厨师（火腿拼盘/花生小点）	陈苹昇
	饮料师（冲椰奶/西瓜汁）	向国炮

食材准备： 制作火腿拼盘，请自带两根火腿肠；
制作花生小点，请自带20颗带壳花生；
制作西瓜汁，请自带一盒切好的西瓜；
冲椰奶，材料由班里准备。

图4-15 小班预约表

第四章 区域活动的组织与开展

豫Ⅰ班食品活动预约表（中班上）

材料准备：1、紫薯奶昔：煮熟的紫薯1个、牛奶1盒。 2、磨青瓜：生青瓜1条（刨好皮）、葱花若干。 3、做饭团：煮熟的米饭1小碗、煮熟的玉米粒（或胡萝卜粒、香肠粒、青豆、芝麻等）若干，用可微波的保鲜盒装。4、水果沙拉：洗净、适合做沙拉的水果2~3种，沙拉酱一瓶。5、剥的活动：桔子2~3个，（或香蕉2~3根；或熟花生若干）。6、穿水果串：洗净的水果2~3种（葡萄、草莓、车厘子等），每种5颗。
操作办法：采用轮流的方法，按顺序每天轮两个孩子参与活动，家长在活动的前一天在本表上填写预约（划勾），轮到的孩子，第二天早上将相应材料备好带来幼儿园，如未来园或未带材料者，则视为自动放弃，第二天轮下一拨孩子，以此类推。请引导孩子每次尽量选不同的活动。

预约时间	幼儿姓名	食品活动内容	备注
1月5日	何叶田田	紫薯奶昔/磨青瓜/做饭团/水果沙拉/剥的活动/穿水果串	
	张时语	紫薯奶昔/磨青瓜/做饭团/水果沙拉/剥的活动/穿水果串 ✓	
1月6日	鲁林鑫	紫薯奶昔/磨青瓜/做饭团/水果沙拉/剥的活动/穿水果串 ✓	
	张思哲	紫薯奶昔/磨青瓜ï/做饭团/水果沙拉/剥的活动/穿水果串	
1月7日	李梓萌	紫薯奶昔/磨青瓜/做饭团ï/水果沙拉/剥的活动/穿水果串	
	乐其轩	紫薯奶昔/磨青瓜/做饭团/水果沙拉/剥的活动/穿水果串	
1月8日	王笃本	紫薯奶昔/磨青瓜/做饭团/水果沙拉ï/剥的活动/穿水果串	
	许润生	紫薯奶昔/磨青瓜/做饭团/水果沙拉ï/剥的活动/穿水果串	
1月10日	郭奕鸣	紫薯奶昔/磨青瓜/做饭团ï/水果沙拉/剥的活动/穿水果串	
	郭乐儿	紫薯奶昔/磨青瓜/做饭团ï/水果沙拉/剥的活动/穿水果串	
1月11日	蔡林彤	紫薯奶昔/磨青瓜/做饭团/水果沙拉/剥的活动/穿水果串ï	
	方曦	紫薯奶昔/磨青瓜/做饭团/水果沙拉/剥的活动/穿水果串ï	
1月14日	莫纯熙	紫薯奶昔/磨青瓜/做饭团ï/水果沙拉/剥的活动/穿水果串	
	张怡萌	紫薯奶昔/磨青瓜/做饭团ï/水果沙拉/剥的活动/穿水果串	

图4-16 中班预约表

"优先操作卡"放入未完成的材料中(见图4-18),在次日的区域活动开展前,教师应让这部分幼儿优先选择未完成的活动材料,避免与其他幼儿在材料选择上发生冲突。

图4-17 优先操作卡　　　　　　　　图4-18 已放置优先操作卡的材料

3. 第三层:其他幼儿制订计划,有序进区

由于各区域的空间、性质和材料不同,因而各区域所能容纳的幼儿人数也不一致,进入各区域的人数视该区域空间的大小而定。材料比较丰富、空间比较大的区域,进入区域的幼儿可适当多一些;而空间较小、需要相对安静的区域,应适当控制进区人数。

同时,由于每个幼儿的操作情况以及各自的发展需求不同,教师应该观察进区幼儿的情况,根据自身的指导能力,运用策略协调各区域幼儿的人数,从而合理分配对每个幼儿的指导时间,提高指导的效率。

(二)自然进区法

自然进区法是指在一种非集体状态下,幼儿根据自己的区域活动计划自主地进入区域活动的方法。

使用自然进区法启动区域活动,因区域活动的前一活动并没完全结束,区域活动会与前一活动在时间、空间、人员等方面产生并存关系。例如,如果区域活动的时间被安排在进餐后,那么先吃完的幼儿就可以陆续进区开展活动,这时活动室会出现进餐与活动并存的画面,有的教师需要协助幼儿进餐,有的教师则需要进入区域指导活动。因此，刚开始时，班级教师不可能全部参与区域活动指导，只有合理地安排活动空间、分配人员职责，才能保证活动顺利地进行。

1. 有效利用空间

在采用自然进区法时，教师一定要合理地安排活动空间，尽可能地将前一活动的空间压缩，腾出较大的空间以便幼儿开展区域活动。当空间存在冲突时，教师要自然、及时地引导前一活动的幼儿到不影响区域活动的地方继续活动。

2. 科学分配教师

在人员安排方面，在第一个幼儿进区时一定要有一个或一个以上的教师已结束前一项日常工作，以保证区域活动一开始就有专门的指导教师。在启动阶段，教师需要观察、引导、协调幼儿的活动，其指导压力大、工作头绪多，因此在人员安排上，要安排能力较强的教师或尽量多安排教师进入区域指导幼儿，留一个教师完成前一活动的结束工作即可。

幼儿园在考虑选用哪一种单次区域活动的启动方法时，应从以下几个方面进行综合考虑：

- 如果幼儿园的活动场地较小、师生比例过低，一般采用分层进区法；
- 园舍条件好、活动区域与进餐区域能分开，且师生比例较高的幼儿园，在开展区域活动时，可采用自然进区法；
- 在小班开始阶段，幼儿自主能力较弱，宜采用分层进区法。

第五章

区域活动的分析与评价

《纲要》指出:"教育评价是幼儿园教育工作的重要组成部分,是了解教育的适宜性、有效性,调整和改进工作,促进每一个幼儿发展,提高教育质量的必要手段。"评价是区域活动的重要组成部分,它与有准备的环境、区域活动一起构成了完整的幼儿园区域课程。在区域活动中进行科学、适宜的评价,能有效地引导幼儿主动参与、交流合作、解决问题和增长经验。

在教学实践中,一般从评价方式和评价对象两个视角来开展区域课程评价。在选用评价方式时,教师可以考虑采取实时文字记录、照片、表格和视频等多种方式,对幼儿进行全面观察和分析,使评价方式具有多样性、实效性和动态性的特点。而在分析评价对象时,教师应从幼儿及材料两方面进行综合考虑。在评价幼儿方面,除了对幼儿在区域活动中的活动状态、行为、效率等显性因素进行评析,还要关注幼儿的情感、坚持性、专注性以及探索的欲望等非智力因素的发展和培养;在材料评价方面,要对材料的吸引性、可操作性和丰富性等进行评析。

第一节 方式的适切性研究

对教师来说,区域活动评价是一项既琐碎又重要的工作。它可以帮助教师了解幼儿的兴趣、需求和能力,实时提供幼儿成长所需要的适宜的操作材料,更加有效地管理好班级的活动区域,而幼儿也能从评价中获取多元的信息,从而全面、可持续地发展。美国教育心理学家霍华德·加德纳(Howard Gardner)曾经提出,评价必须与具体的情境相结合。在具体的问题情境中考查幼儿的活动结果,可以通过实时的自然观察、照片和录像、方便的便签贴、区域活动登记表、作业单评析、建立幼儿成长档案等多种方式。

一、实时的自然观察

在制订好当天的区域活动计划后，幼儿根据意愿自主选择新的区域活动材料，这时教师扮演的首先是观察者的角色，其次才是幼儿的支持者和引导者。也就是说，教师在完全自然的状态下，观察幼儿在区域活动中的情况，如兴趣爱好、区域活动常规、动作发展、情绪反应等。

这种自然的观察，可以帮助教师细致地了解幼儿通过自己的努力可以取得的成果，确定给他们提供适当的建议和帮助的时机，何时引导幼儿，更能让教师根据幼儿的区域活动情况、年龄特征以及发展需要来调整下一阶段的区域活动计划。例如，当幼儿独立、专注地活动时，教师在一旁静静地观察即可；当幼儿操作遇到困难时，教师可及时介入指导。

二、照片和录像

用照片和影像做记录是教师经常采用的一种区域活动评价方法，它能让教师在不影响指导的情况下快速获得真实丰富、便于永久保存的信息。这些资料也为区域活动的集体讲评环节提供了大量宝贵的素材。

在每次区域活动的结束部分，最好给幼儿留一段时间，用于分享交流他们在当天区域活动中获得的相关经验。教师可以采用幼儿自评、同伴互评和教师点评等多种形式来开展结束活动。在区域活动中有显性作品的幼儿可以将自己满意的作品与大家分享交流，例如，完成了区域活动操作记录单或艺术创作的幼儿，可在这一时刻向同伴介绍自己的作品，讲述自己的活动过程，与同伴分享成功的喜悦（见图5-1）。在区域活动中没有显性作品的幼儿也可以通过语言描述与同伴交流活动中的体会和困惑。教师拍摄的区域活动照片和录像（见图5-2），是幼儿非常感兴趣的资料，它们能让幼儿直观地了解到不同区域中同伴的活动情况。讲述照片和录像里的活动，需要幼儿重新审视自己的活动，没有参与过该活动的幼儿也能通过倾听产生活动兴趣，激发活动的欲望。有效的活动讲评能发展幼儿的语言表达能力，培养其自信心。

图5-1　幼儿在分享作品

图5-2　看照片讲述活动情况

三、便签贴

用便签贴进行即时记录也可以作为区域活动评价的手段之一。这种方法具有方便、快捷、真实的优点，而且便于教师迅速对事件做出简单的评价。用便签贴进行即时记录的方法可以补充影像记录法的不足，教师即使来不及立刻拍摄，也能在最短的时间内凭简单的记录进行回忆。这种方法需要教师随时随身携带便签贴和笔，即时记录在区域活动中观察到的重要信息。在记录时教师要注意简洁地用关键词记录事件过程，标明时间和幼儿的姓名。便签贴可以分成两种：一种是空白便签（见图5-3），

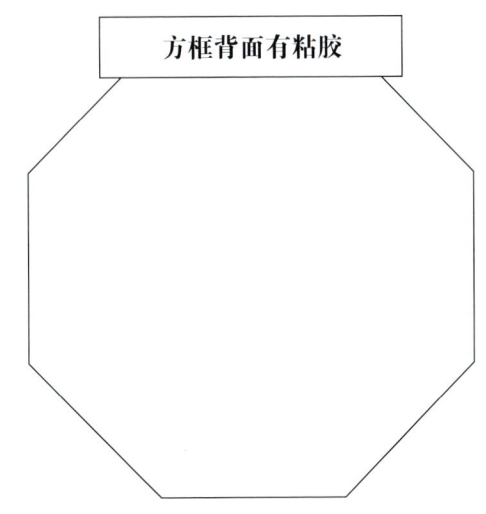

图5-3　空白便签

另一种是提前标注了观察内容的便签（见图5-4）。记录完成后，教师应及时地将便签贴进行分类、整理，收入幼儿的成长档案中。

姓名：　　　　时间：

地点：

事件：

评析：

图5-4　有标注的便签

四、登记表

区域活动尊重幼儿以不同的速度成长和发展。学习是幼儿主动进行的活动，为了满足幼儿主体性、探索性和独特性的发展，教师为幼儿提供了丰富的可操作的活动材料。目前国内幼儿园班级的人数较多，教师要科学地了解各区域中每份材料的使用频率，及时调整和更新区域材料；要关注每个幼儿的区域活动情况，引导幼儿进入不同的区域开展探究活动，避免幼儿反复进入一个区域或多次重复操作同一份材料，促使他们均衡地发展。这就需要使用一些量化的指标来进行评价和考量。

在区域活动开展的过程中，教师有选择地使用下面两种不同格式的《幼儿区域活动情况登记表》，能较好地解决上述问题。

①表5-1是某天某个区域的进区人数，以及该区域的幼儿探索材料的情况的总体记录表。这份表格可以让教师直观地了解各个区域受幼儿喜爱的程度，以及各区域中材料的使用频率。

第五章　区域活动的分析与评价

表5-1　幼儿进区活动登记表

_____班幼儿区域活动登记总表

日期	区域	指导教师	幼儿和操作的材料	人数	区域活动概况
	科学区				
	数学区	教师1			
	……				
	……				
	语言区				
	美工区	教师2			
	……				

②表5-2是记录幼儿个体区域活动具体情况的登记表。这份表格是对某一幼儿在某一时间段进区活动的追踪记录，通过记录，教师可以观察幼儿的发展是否均衡（见表5-2）。

表5-2　幼儿区域活动情况登记详表

_____班幼儿区域活动情况记录（中班）

指导教师：　　　　幼儿姓名：

历史地理区		科学区		美工区		日常生活区	
材料名称	时间	材料名称	时间	材料名称	时间	材料名称	时间
油漏		蚂蚁的小书		连线青蛙		扎草莓	
整点时钟小书		胎生与卵生		画小绵羊		有规律地穿积木	
图形时钟小书		蝴蝶的一生		画玉米		小熊穿衣服	
幼儿园里的一天		水陆空动物		辫子粘花瓶		穿手链	
一周的每一天		动物和植物		框框画小书		缝手链	
……		……		……		……	

在使用这些表格时可采取教师与幼儿登记相结合的方式(例如,可用"√"进行记录)。在小班阶段,教师可帮助幼儿填写登记表,随着他们年龄的增长和能力的增强,教师可以教会他们登记的方法,让他们能够在每次区域活动后自主地进行登记。

区域活动登记表不但对促进幼儿的全面发展有所帮助,更为教师科学合理地管理区域活动、及时更换区域活动材料提供了有力的依据。

五、记录单

为了提升幼儿对区域活动的兴趣,除了为幼儿提供"有准备的、物化了的、可以通过直接操作进行探究的"[1]活动材料以外,教师还应加强对记录单的研发,通过记录单(如图5-5)来呈现幼儿在区域活动中的学习过程,也就是"看"得见的学习。

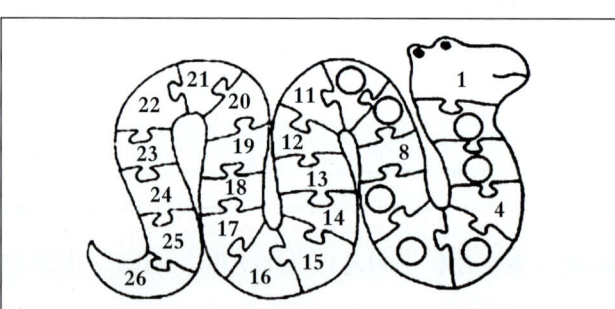

活动名称:数学区——数字小蛇
活动目标:认识26以内的数字,能按序排列和填写数字
活动情况:

图5-5　数学区记录单

---

[1] 霍力岩,等.幼儿园课程开发与教师专业发展——比较研究的视角[M].北京:教育科学出版社,2006:97.

幼儿在某区域完成记录单后，要即时盖好日期印章，记录好完成时间，采用不同的方法（例如，小班用姓名印章、中班用剪贴打印好的姓名、大班直接书写姓名等）标注自己的姓名。教师对幼儿完成的记录单要有选择地进行评析。评析有助于教师把握幼儿在不同时期的成长和变化。评析的内容包括：用语言客观地描述操作情况（例如，能观察与操作材料、完成记录单），对知识的掌握情况（例如，初步理解了"10"的合成），使用工具和辅助材料的情况（例如，能用夹子夹住玻璃珠），独立操作材料的能力（例如，在教师的帮助下完成拼图和排序），幼儿下一阶段的活动与发展目标（例如，手部精细动作发展较好，可尝试常规区的绣花操作活动）。教师对记录单进行评析时，并不需要对所有的记录单进行评析，可以选用有纪念价值和教育价值的记录单。在方式上，可对有代表性的单一记录单进行评析，也可选择对幼儿在不同时期完成的同一份材料的记录单进行跟踪式评析。最后，教师要将幼儿有价值的作业单定期收集到幼儿的成长档案中。

六、幼儿成长档案

入园初期，教师要为幼儿准备一本活页文件夹，在教师的引导下，家园共同合作、收集整理有价值的幼儿成长信息，根据课程目标、幼儿的发展领域等相关因素，建立不同目录的幼儿成长档案。幼儿成长档案记录了幼儿3—6岁的生活和学习情况，保存着他们的兴趣和成长历史。幼儿成长档案包括幼儿的个性主页、校园文化与班级特色、幼儿健康、家园互动等方面的内容。

（一）幼儿个性化的主页

幼儿的个性主页内容包括：幼儿和家庭的资料、幼儿的兴趣爱好、家长和教师的寄语等。这个主页主要由家长设计，也可以由教师设计；教师应鼓励新颖独特、富有创意、展现个性的设计，而不是千篇一律。

(二)校园文化与班级特色

这一部分的内容主要有：幼儿成长档案的目录、前言、幼儿园环境、园长和教师的照片、教师心语、班级介绍和全家福等。这些丰富的内容充分展现了校园文化特色和班级文化特色，令幼儿和家长感受到教师在成长档案工作中的细致和用心。

(三)幼儿健康

幼儿的健康包括幼儿的生长发育和体能发展两方面，汇集了幼儿入园以来各个学期的身高、体重、血色素等生长发育情况的数据，各个年龄段的体能测查情况及运动技能的掌握情况。有了这些数据，家长和教师可以对孩子的健康状况进行综合比较与分析，促进家园配合，促进幼儿身体的健康成长。

(四)家园互动

家园互动的内容包含家长调查问卷（见表5-3），家长信息反馈表（见表5-4），家长讲座、家长会、家长沙龙等活动的参与情况记录，亲子活动的内容，家园联系记录等家园互动信息，展示了幼儿园与家庭之间多渠道沟通和合作的情况。

(五)我的荣誉

"我的荣誉"是幼儿在相互欣赏成长档案时最喜欢翻看的内容，它包括幼儿在园内外参加各种活动的获奖证书、奖牌、奖状照片等展示幼儿能力的内容。这些证书、奖牌、照片能直观地反映幼儿的各项成绩，深受幼儿的喜爱。表5-5是幼儿担任升旗手的综合记录。

第五章　区域活动的分析与评价

表5-3　家长调查问卷

尊敬的家长朋友：

　　为了使幼儿具备良好的学习和生活自理能力，尽快适应小学生活，在即将来临的4月份，我们将开展"我要上小学"的主题活动。该主题针对幼小衔接问题，包含一系列的活动。为了更好地开展此次活动，我们也非常迫切地想了解家长们的想法、困惑和需要，请您认真填写以下调查问卷，我们将依据表格反馈的情况制定出最佳实施方案，谢谢您的参与！（请在周三前上交调查问卷）

"幼小衔接"家长调查问卷

幼儿姓名：　　　　　家长姓名：

1. 孩子马上要上小学了，您最关心的事情是什么？

2. 在目前的家庭教育中，您开展了哪些关于"幼小衔接"的教育活动？请详细说明。

3. 如果邀请您参观小学，您最希望了解小学哪方面的内容？

4. 关于"幼小衔接"，您最希望幼儿园做些什么？

5. 请根据孩子的实际情况，列举近阶段迫切需要解决的问题（如学习能力、性格等方面）。

6. 您愿意参加有关幼小衔接的"家长沙龙"吗？请提出建议（如内容、时间、形式等方面）。

大班年级组
2012年3月23日

表5-4　家长信息反馈表

大班"家长开放日"反馈表

开放时间：2011年12月16日上午8:00—12:00

幼儿姓名：	家长签名：

一、幼儿早操展示情况
1．运动技能：优秀（　）　　良好（　）　　一般（　）
2．参与性：　积极（　）　　良好（　）　　一般（　）
3．合作性：　强　（　）　　良好（　）　　一般（　）

二、幼儿早餐情况
1．进餐时间：能否在所规定的时间内完成午点　　　　　　　　（能　否）
2．卫生习惯：
　　A．能否有序地收拾餐具及清洁自己的桌面　　　　　　　（能　否）
　　B．能否在餐后完成擦嘴、漱口的清洁工作　　　　　　　（能　否）

三、活动区活动（请您对孩子在活动区的活动表现进行点评）
1．兴趣方面：

2．遇到困难：

3．专注程度：

4．完成情况：

四、集体活动（请您记录孩子在集体活动中的表现）
1．参与性：

2．倾听习惯：

3．与老师、同伴之间的互动：

五、您对班级工作的好建议：

表5-5 幼儿担任升旗手的综合记录表

我是光荣的小升旗手	
担任升旗手时间	2012年10月11日
与我一起升旗的伙伴	幼儿1、幼儿2、幼儿3、幼儿4
升旗手发言稿	
升旗手照片	
升旗证	留幼儿家里保存

（六）主题活动

关于主题活动的内容比较多，反映了幼儿在集体活动中的参与情况，既包括幼儿在园内的集体探究活动（见图5-6），也包括幼儿走出幼儿园、走进社区、走向社会所参与的每一次集体活动（见图5-7）。收集、分析这部分内容有助于教师综合评价幼儿的兴趣指向、合作意识、探索能力等多方面的情况。

图5-6 集体探究活动

图5-7 社区活动

（七）区域活动

教师应将幼儿在区域操作活动中完成的作品（见图5-8）、记录单（见图5-9）、教师拍摄的活动照片等进行收集、整理，筛选出有价值的资料，对其进行评价后收入幼儿的成长档案。它们记录着幼儿在区域活动中个别探究的成果，也呈现了幼儿在不同时期的成长变化。

图5-8 幼儿的作品

第五章 区域活动的分析与评价

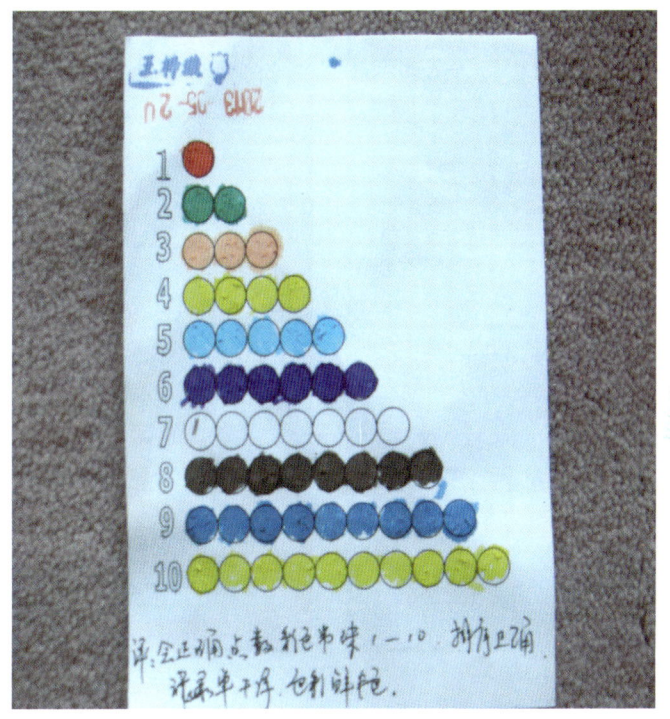

图 5-9　幼儿的记录单

（八）精彩瞬间

要留住幼儿在园活动的各个精彩瞬间（见图 5-10、图 5-11），教师就需要用照相机、摄像机随时进行记录，并对有价值的照片、视频进行注释和解说，将其收集到幼儿成长档案中，为幼儿留下成长的痕迹。

幼儿成长档案不仅仅是简单的资料收集本，更是幼儿的个人成就宝库，展现了幼儿在各个阶段的发展变化。它不仅是家长了解幼儿的在园情况、了解幼儿园教育的详细记录，还是教师观察评价幼儿、了解班级幼儿的整体发展水平和个体差异、制订和实施课程计划的重要依据。幼儿成长档案的评价更是幼儿园评价系统中的重要组成部分。

综上所述，各所幼儿园都探索出了很多区域活动的评价方法，不论教师在实践中采用哪种或哪几种方法，都要注重资料的真实性和准确性，关注儿

图 5-10　室内活动记录

图 5-11　大型活动记录

童的发展和进步,实现幼儿、家长和幼儿园三方的有效联系,同时所采用的方法要方便教师在繁忙的日常工作中实施评价,这几点非常重要。

第二节　对象的多元化评价

　　幼儿及区域中的材料是区域活动的关键要素,幼儿通过与材料的互动获得个性化的发展。只有通过对幼儿进行评价,教师才能了解区域活动是否促进了他们各方面的发展。同时也只有通过对材料进行评价,教师才能了解材料是否满足了幼儿的发展需求。因此,在选择区域评价对象时我们从幼儿及材料两方面进行探索。

第五章 区域活动的分析与评价

一、对幼儿的评价

区域活动课程中通过对幼儿的评价，教师一方面可以了解幼儿的区域活动情况以及个性发展状况，另一方面可以观察幼儿的兴趣特点以及差异性。同时，教师只有在对幼儿进行综合观察评价的基础上，才能对每个幼儿提出个性化的指导建议，并为其提供适宜的区域环境。《纲要》也明确指出，在对幼儿的发展状况进行评价时，要注意"全面了解幼儿的发展状况，防止片面性，尤其要避免只重知识和技能，忽略情感、社会性和实际能力的倾向"。根据《纲要》的精神，笔者致力于在区域活动实践中探索如何对幼儿进行全面综合的评价，从而促进幼儿和谐发展。经过近20年的实践活动，笔者认为可以从"情感、态度、能力、知识、技能"五个方面对区域活动中的幼儿进行全面综合的评价。

（一）对幼儿情感的评价

"情感是一种主观的体验，是一种感受，它以一种激情的方式进入意识的层面。"[1]从这个定义可以看出，情感具有激情的特点，并影响着人们的日常生活，对于幼儿来说尤为如此。幼儿对自己投入情感的内容会花更多的精力与时间学习，学习效率也更高。幼儿的情感包含很多方面，要评价的方面也非常多。而本书中所描述的情感，主要是从区域活动的角度进行评价。区域活动、材料以及人是影响幼儿情感的重要因素。因此，区域活动中对幼儿情感的评价主要也从以下三个方面进行。

1. 从区域活动的视角

幼儿对区域活动的情感主要指幼儿对区域活动整体的情感，也就是评价幼儿对区域活动这种课程模式是否感兴趣，是否喜欢区域活动，是否期待开

---

[1] BEATY J J. 幼儿的观察与评价[M]. 郑福明，费广洪，译. 北京：高等教育出版社，2011：103.

展区域活动，是否乐意参与区域活动。幼儿对区域活动感兴趣时，会将注意力集中在区域中，并在操作时会更活泼、自信和专注。教师可以通过观察幼儿在某个区域操作的时间以及专注程度来了解幼儿是否对区域活动感兴趣。比如，有的幼儿一旦开展区域活动，就会显得特别兴奋，并特别愿意参与区域活动，而有的幼儿则表现出无所谓或无所事事的样子。

2. 从区域材料的视角

材料是区域活动的核心要素，因而评价幼儿对区域材料的情感是不可缺少的部分。可主要从两个方面进行评价：一是评价幼儿是否对区域材料感兴趣，二是评价幼儿是否珍惜材料。

（1）对区域材料的兴趣

幼儿对区域材料的兴趣主要表现在是否愿意操作材料、是否偏爱某种类型的材料、是否能坚持完成操作、是否关注操作成功。在评价过程中，首先，应观察幼儿是否愿意操作材料，在操作材料的过程中情绪是否积极、身心是否获得发展。其次，应观察幼儿是否偏爱操作某种类型的材料。例如，某些幼儿对涂色、剪裁的操作材料特别感兴趣，常常在操作时也只选择这类材料。

（2）对区域材料的珍惜

了解幼儿对区域材料是否珍惜，主要通过观察幼儿是否爱惜材料，是否能够采用适宜的方式操作材料，是否能在操作结束后整理材料，这其实从另一个层面反映了幼儿对材料的兴趣以及对区域规则的遵守。

3. 从区域活动中人的视角

区域活动中的教师及同伴是影响幼儿情感的关键因素。评价幼儿对区域活动中的人的情感，也主要从这两个方面进行。

（1）对教师的情感

要评价幼儿对教师的情感，主要观察幼儿是否能够喜欢、尊重并信任区域活动中的教师。具体表现在幼儿是否愿意倾听教师的谈话，是否愿意与教师分享，遇到困难时是否能主动向教师求助等方面。

(2)对同伴的情感

评价幼儿对同伴的情感,主要观察幼儿在区域活动中能否与其他幼儿友好相处。区域活动虽然是一种个体性的操作活动,但它仍是以集体形式开展个体探索活动,因而幼儿在活动中必然会与其他幼儿产生互动。比如,当两个幼儿选择了同一份材料时,需要观察:幼儿是否能够进行协商、恰当地处理问题;幼儿在操作时能否注意自己的行为与语言,尽量不去干扰其他幼儿的操作;幼儿是否能够与其他幼儿合作操作材料。

(二)对幼儿态度的评价

这里的态度是指幼儿对活动及其活动情境所表现出来的一种比较稳定的心理倾向。它通常可以从幼儿的注意力情况、意志状态等多方面加以判定和说明。在开展区域活动时,我们可以从幼儿在活动中的规则意识、意志力、专注力等方面对他们进行观察、评价,并依据评价采取相应的对策,使我们的评价更具有意义。

1. 规则意识

规则是保证活动成功的主要要素。成功的活动首先需要教师建立与活动相宜的规则,其次要促进幼儿养成遵守规则的良好习惯。区域活动作为幼儿园的主体课程,在促进幼儿发展的过程中起着至关重要的作用。观察和评价幼儿在区域活动中遵守规则的情况,可以起到两个方面的作用:其一,检查区域活动规则的制定是否与活动相宜;其二,可以观察幼儿的规则养成程度,为幼儿养成良好的行为习惯打下基础。

幼儿在区域活动时间里不能很好地遵守规则,可能是由以下几个方面的原因造成的。

①幼儿对区域活动规则的了解不够清晰,不能正确地遵守规则。

②制定的规则可能与活动不相宜,或者活动调整了而原有规则没及时更新。

③幼儿自身的规则意识不强。

根据以上三个方面的原因，教师可以采取以下措施进行调整。

①如果幼儿不清楚活动规则，那么教师需要在区域活动开展时对其重点关注，及时从各个环节着手引导，使幼儿明确区域活动的规则。

②如果是因为规则制定得不适宜，那么教师应本着"能小改不大改"的原则，对规则进行微调，让规则及时、合理地为区域活动服务。

③对于规则意识不强的幼儿，教师不仅需要在区域活动中关注该幼儿，还需要在一日活动的每个环节中关注该幼儿，从不同的角度引导幼儿，提高其规则意识。

2. 专注力

法国生物学家乔治·居维叶（Georges Cuvier）说："天才，首先是注意力。"保持良好的专注力，是大脑进行感知、记忆、思维等认识活动的基本条件，因而培养幼儿良好的专注力，为其终身学习打下良好的基础尤其重要。

评价幼儿在区域活动中的专注力，应重点关注他与材料的互动情况，教师可以从以下几个方面着手对幼儿进行评价并采取措施。

(1) 从区域材料对幼儿的吸引力方面对幼儿进行评价

材料对幼儿的吸引力是影响幼儿专注力的重要因素之一。人们常说"兴趣是最好的老师"，在观察幼儿的专注力时，也要考虑这个因素。在这方面，幼儿有不同的表现。有的幼儿无论操作什么材料都能有始有终地完成；有的幼儿操作自己感兴趣的材料时非常专注，但在操作自己不感兴趣的材料时就不能善始善终。

对于专注力因兴趣原因而有所下降的幼儿，教师要通过观察和评价找出幼儿的兴趣点，有针对性地根据幼儿的兴趣，为其设计适合他的材料，通过材料中的兴趣点，逐步培养其良好的专注力。例如，有的幼儿在艺术区开展色彩活动时，无论区域活动时间多长，他都能专注地进行活动。根据他对艺术感兴趣的特点，教师特意在他不能专注活动的数学区设计了多份稍带艺术色彩的数学操作活动——涂数字找动物、给数字穿花衣，并引导幼儿进入该区域活动。随着这名幼儿在这个区域的专注力提高，教师再逐渐减少材料的艺术色彩，一段时间后，幼儿在数学区的专注力就会得到很大的提高。

(2) 从区域活动的环境方面对幼儿进行评价

环境的因素对人的专注力的影响非常大，因此，在观察幼儿的专注力时，也要考虑环境的因素。例如，有的幼儿无论在什么环境下都能安静、专心地开展探索活动；有的幼儿在安静的环境下操作材料非常专注，但周围有一点小的动静，其专注力立刻就分散了；有的幼儿则无论在什么环境下都无法专注地活动。

对于专注力易受环境影响的幼儿，教师在区域活动中要关注幼儿活动的位置。开始时先将幼儿的位置安排在活动室的角落，并在活动中多关注幼儿；当幼儿的专注力品质有所提升后，可以将他的位置调整到有一点干扰的环境中，教师在活动中及时关注幼儿、鼓励幼儿，促使其逐步养成良好的专注力；当幼儿的专注力有所稳定后，教师就可以让他随意选择位置，但教师仍需在活动中多关注幼儿，直到其真正形成优良的、稳定的专注力。

3. 意志力

俗话说："意志创造人。"在这个世界上，人的意志力可以创造出人生奇迹。教师应培养幼儿良好的意志力，为他们的一生奠定基础。坚持是意志力的完美表现，做任何事都要坚持不懈，这样才能把事情做好。

观察幼儿在区域活动时的意志力，是为了进一步培养他们更加稳定、更加优秀的意志力。在区域活动评价中，应从以下几个方面进行。

(1) 从幼儿的学习品质方面进行评价

从幼儿的学习品质方面进行观察评价，首先要观察幼儿是否形成了良好的学习品质，其次应从学习品质形成的范围进行观察评价。也就是说，幼儿是不是形成了良好的意志力，这种意志力表现的范围覆盖哪些活动。得到评价结果，我们就可以采取相应的措施。如果幼儿尚未形成良好的学习品质，教师就应注意引导和帮助幼儿形成良好的学习品质。如果幼儿在其他活动中的意志力表现良好，而在区域活动中有所欠缺，教师就应在活动中对他进行引导，例如，可以用故事、其他幼儿的事例及幼儿自己在其他活动中的事例鼓励他，帮助他培养良好的意志力。

（2）从材料的难度着手对幼儿进行观察

区域活动是个别教育，材料的层次非常丰富，同一份材料对不同的幼儿具有不同的难度。因此，教师在观察幼儿的意志力时，要考虑材料对幼儿的挑战性。如果某一幼儿在操作与他的发展水平相适宜的材料的过程中意志力表现良好，而在操作超出他发展水平的材料的过程中意志力有所下降，教师就应从材料与幼儿的适宜性及幼儿战胜困难的品质方面进行分析。如果幼儿遇到困难就退缩，教师应着重培养幼儿克服困难的品质。如果材料与幼儿的发展水平差距太大，教师就要及时调整材料，让幼儿在区域中选到与其发展水平相匹配的材料，通过与适宜的材料互动获得发展，形成良好的意志力。

（三）对幼儿能力的评价

区域活动为幼儿提供了一个相对开放、自由的活动环境，每一个幼儿都能够自主地选择活动的区域以及区域中的活动材料，能够按照自己的兴趣和能力进行活动。在区域活动中，幼儿通过与区域材料的互动，个性可得到充分的发挥，各方面的能力可得到全面和谐的发展。要更好地评价区域活动中幼儿的能力发展，教师就应全面观察幼儿在活动中的表现，针对幼儿的各种不同表现，从多元的角度进行分析、评价。对幼儿能力发展的评价主要包括以下几个方面。

1．社会交往能力是否得以发展

区域活动是培养幼儿社会交往能力的有效途径。评价幼儿的社会交往能力是否得以提高，最直接、最有效的方式就是观察和分析幼儿在区域活动中的具体表现。

在我园的公共区域——"社会理解区"中，教师为幼儿创设了"梦幻剧场""娃娃家""医院""建筑师之家"等大型活动区域，为幼儿提供了与同伴自由交往的场所，使之能够在一个真实的情境与氛围中，与周围的同伴互动、共同游戏。

例如，在"娃娃家"的游戏活动中，选择进入"娃娃家"的幼儿需要在活动前共同制定游戏规则、游戏玩法，分配好游戏角色，在小组成员认同的前提下，共同开展游戏；在游戏的过程中大家各自扮演家庭成员中的不同角色，牢记自己所扮演角色的具体职责，懂得遵守大家共同制定的游戏规则，学会与朋友交流、合作、协商等沟通技能。

又如，在"建筑师之家"的游戏活动中，选择当建筑师的幼儿需要推选出一名总设计师，在总设计师的带领下讨论本次活动的主题内容、明确各自的分工等。在搭建的过程中，教师可以观察幼儿的计划实施情况、任务完成情况以及幼儿之间的合作交流情况。

当出现因意见不合而导致幼儿放弃最初制订的计划、不按角色身份游戏、各自为政的现象时，教师应该做出适当的干预，引导幼儿互相沟通，学会自己化解矛盾，重新制订计划，围绕主题再次进行小组联合游戏。因此，在区域活动中，教师可通过观察、参与、指导幼儿的现场活动，评价幼儿的社会交往能力是否得到了提高。

2．动手操作材料的能力是否得以提高

在区域活动中，各种区域活动材料是提高幼儿动手操作能力的载体。评价幼儿的动手操作能力是否得以提高，主要的依据来自幼儿与操作材料之间的互动。

例如，在常规区中，教师投放了扣子、拉链、毛巾等活动材料，让幼儿在不断操作这些材料的过程中，提升自我服务技能，获得相关的生活经验；在数学区中，教师投放的"点数水果""数字花""小动物住几楼"等活动材料，也能让幼儿在动手操作的过程中获得相关的数学经验；在美工区中，教师投放废纸杯、奶盒、彩带、瓶瓶罐罐等辅助材料，鼓励幼儿大胆地运用各种材料完成自己的小制作，使其在提升美术技能的同时，享受到成功的喜

悦。毋庸置疑，幼儿在获得相关知识经验的同时，其动手操作能力也得到了提高。

3．发现问题、解决问题的能力是否得以增强

在区域活动中，幼儿在与材料的互动中会遇到很多问题和困惑，面对幼儿遇到的困难，教师认为，这些问题与困惑不但不会给幼儿的学习造成障碍，反而能激发幼儿主动寻求解决问题的方法，这无疑也是一种很好的自我学习方式。幼儿发现问题、解决问题的能力是否得以增强，主要取决于幼儿对待困难的态度、自我解决问题的能力等。

例如，在大班科学区"辨不同"的实验中，教师投放了细砂糖、精盐、白面粉、食用碱等材料，让幼儿辨别它们之间的不同，当幼儿发现眼睛不能分辨出几种物品的区别时，他们充分调动自己的感官，通过用鼻子闻一闻、用舌头尝一尝等方式，最终克服了困难，解决了问题，获得了成功。

又如，在语言区里的"天天好故事"表演中，幼儿经常要面临一个人扮演故事中的多个角色的问题，当幼儿发现自己无法扮演多个角色时，往往会寻求教师的帮助，教师在鼓励幼儿勇敢面对困难的同时，和幼儿共同寻找解决问题的方法，引导幼儿大胆借助材料中的指偶，模仿故事中不同角色的声音，独立完成故事表演。在这个过程中，幼儿解决问题的能力也得到了提高。因此，在评价的过程中，教师要以发展、前瞻的眼光评估幼儿发现问题、解决问题的能力，充分发挥其主观能动性。

4．观察事物的能力是否得到发展

在区域活动中，教师投放的一些操作材料需要通过反复的动手实验来使用，在幼儿动手实验的过程中，他们观察事物的能力得到了较大程度的发展。

例如，在科学区里"会变的颜色"活动中，教师为幼儿提供红、黄、蓝三种颜色的水，鼓励幼儿完成配色实验，幼儿在各种不同方式的调色实验中，通过仔细观察和反复比较，感知每一次实验中水的颜色变化，用完整的语言正确描述实验过程，完成简单的观察记录。

第五章 区域活动的分析与评价

又如，在生态区"照顾小蝌蚪"的活动中，幼儿在养殖小蝌蚪的过程中，观察发现不同时期小蝌蚪外形的变化，感受小蝌蚪变成小青蛙的生长过程，并以绘画的形式完成每天的观察记录。因此，教师在评估幼儿的观察能力时，往往会从幼儿的实验频率、对观察结果的语言描述以及做出的观察记录中获取信息，正确做出评价。

（四）对幼儿知识的评价

"知识，是指人们对某个客观事物的特征、属性以及联系的反映。"[1]而区域活动的知识是指区域活动以材料为载体，体现各领域事物的特征、属性以及联系。各区域依据幼儿各方面的发展需求而设置，包括语言、科学、艺术、数学等各方面。区域活动中的知识具有系统性、全面性、复杂性以及迁移性等特点。在对幼儿知识的评价方面，也可以从这四个方面着手。

(1) 评价幼儿各区域知识的系统性

各区域知识的系统性是指每个区域中的材料之间存在内在的线索，蕴含了系统化的知识。评价幼儿各区域知识的系统性，也就是观察幼儿在某个区域活动中是否在操作材料的过程中把握了这个区域的系统性知识。比如，语言区的系统知识包括"听、说、读、写"四个方面，有些幼儿只对区域中"读"方面的知识感兴趣，而忽视了"听、说、写"方面的知识，没能全面把握语言区知识的系统性。

(2) 评价幼儿区域知识的全面性

区域知识的全面性是指所有区域的系统知识形成了一个相对全面的知识体系。评价幼儿知识的全面性，可通过观察幼儿是否只热衷于某个区域、存在偏区的情况。如果幼儿在选择区域时偏区，那么会导致其不能全面系统地把握区域活动中的知识。比如，有的幼儿对艺术区感兴趣，一到区域活动的时间，便总是只进入该区域操作，而很少涉足其他区域，因此该幼儿也无法

---

[1] 宋本立. 准确把握知识、技能、智力和能力的关系 [J]. 甘肃教育，1994 (Z1)：31-33.

全面把握区域活动的知识。

（3）评价幼儿区域知识的复杂性

在区域活动中，教师会依据幼儿的发展水平提供不同层次水平的材料。有些材料所包含的知识相对简单，而有些却相对复杂。教师可以通过观察幼儿选择材料的类型、操作的深入程度以及操作结果来评价幼儿是否掌握了复杂的区域知识。例如，有些幼儿喜欢选择比较有挑战性、难度较大的材料，而有些幼儿则总是喜欢操作一些简单的材料；有些幼儿在操作时，会采用不同的方式进行探究，而有些幼儿则喜欢简单地重复摆弄；有些幼儿通过操作可以创造出多样的作品，而有些幼儿的作品则比较单一。

（4）评价幼儿区域知识的迁移性

区域知识的迁移性是指各区域的知识能够相互迁移、相互转化。正如前面提到的，虽然各区域有自己相对独立的系统以及空间，但是各区域之间又相互联系、相互渗透，形成一个完整的体系。同样，各区域所承载的知识内容相互联系、相互渗透。因此，教师在评价时应该注意观察幼儿是否能够将在某个区域获得的知识转移到另一个区域中。例如，某幼儿在语言区通过阅读了解了物体沉浮的原理，教师就需要观察他是否能够将所学的知识运用到科学区中，进行知识的迁移。

（五）对幼儿技能的评价

技能是指通过练习而获得的能够完成一定任务的动作系统。幼儿必须通过练习和操作才能获得技能。区域活动最大的特点是让幼儿在有准备的环境中进行独立自主的操作。操作性是区域活动的一大特色。在区域活动中，技能具有系统性、全面性、熟练性以及迁移性等特点。因此，在评价幼儿的技能时，教师可以通过观察幼儿对区域材料的操作情况来评价幼儿的技能。我们将从这四个方面对幼儿的技能进行评价。

（1）评价幼儿各区域技能的系统性

评价幼儿各区域技能的系统性，主要是观察幼儿是否系统地掌握了某个区域中的技能，例如，幼儿在艺术区是否能够综合运用"画、涂、粘、剪"等技能。

(2) 评价幼儿区域技能的全面性

每个区域通过不同的材料来发展幼儿的不同技能，例如，常规区包括"抓、捏、夹、舀、剥、倒"等技能，运动区包括"走、跑、跳、钻、爬"等技能，语言区包括"听、说、读、写"等技能。教师通过观察幼儿在各个区域中运用技能的情况，判断幼儿是否比较均衡全面地掌握了各区域的技能，并且不存在偏区的现象。

(3) 评价幼儿技能的熟练性

通过观察幼儿运用技能操作材料的熟练程度来评价幼儿技能的熟练性。例如，幼儿在常规区中练习"两指捏黄豆"的技能，在初次操作这份材料时，幼儿可能会多次将黄豆撒落在桌面上，而经过数次操作，就能够熟练地做出两指捏的动作。

(4) 评价幼儿技能的迁移性

虽然各区域有不同的体系，包含不同的技能，但各区域的技能相互包含、相互联系。例如，美工区包括"剪"的技能，幼儿在语言区、数学区以及文化区等区域中也可能需要运用到这项技能。在评价时，主要观察幼儿是否能够将在其他区域中所学的技能迁移到另一个区域情景中。

对区域活动中幼儿的评价能够帮助教师全面了解幼儿在区域活动中的状况以及个性发展情况，也为教师下一步为幼儿提供差异性的适宜指导提供科学的依据。根据对幼儿多元化评价角度的分析，笔者设计了如下可供参考的幼儿区域活动评价表（见表5-6）。

对幼儿的评价是区域活动评价的重要组成部分，也是教师不断提高区域活动教学质量的重要手段。但是教师对区域活动中的幼儿的评价应该关注评价方式的多样化以及评价内容的多元化，同时应该注意幼儿发展的差异性以及不平衡性，对幼儿进行客观全面的评价。在评价时应该注意，对幼儿的评价不是对幼儿行为的测量,不能作为评判幼儿发展状况的尺度,更不能作为评价幼儿的标准。对幼儿进行评价的目的在于客观观察和了解幼儿,为其发展提出适宜的教育策略。本节从幼儿发展的五个方面对幼儿的评价进行了全面而深入的分析,并提出了相关的教育建议。同时,笔者将会在实践中不断补充和完善幼儿评价,从而促使评价朝着更全面、客观、科学的方向发展。

表5-6 幼儿区域活动评价表

幼儿姓名:　　　　　性别 男 女　　　所在班级 小 中 大
所在区域:　　　　　材料名称:　　　　操作时间:
指导教师:　　　　　评议者:　　　　　日期:

项目	评价项目要点	评价分值	
		参考最高分值	评价实际分值
情感 (24分)	区域活动	对整体区域活动的兴趣程度	8	
	区域材料	操作材料的乐意程度	4	
		珍惜材料的程度	4	
	区域中的人	对教师的喜爱、尊重与信任程度	4	
		与同伴友好相处的程度	4	
态度 (24分)	规则意识水平		8	
	专注力	区域材料的吸引力	4	
		区域环境的影响力	4	
	意志力	学习品质	4	
		材料难度	4	
能力 (20分)	社会交往能力		5	
	动手操作材料的能力		5	
	发现问题、解决问题的能力		5	
	观察事物的能力		5	

（续表）

项目	评价项目要点	评价分值	
		参考最高分值	评价实际分值
知识 （16分）	各区域知识的系统性掌握程度	4	
	区域知识的全面性掌握程度	4	
	区域知识的复杂性掌握程度	4	
	区域知识的迁移性水平	4	
技能 （16分）	各区域技能的系统性掌握程度	4	
	区域技能的全面性掌握程度	4	
	区域技能的熟练程度	4	
	区域技能的迁移性水平	4	

各分项目得分	情感	态度	能力	知识	技能	总分

综合评价	优秀 （85—100分）	良好 （75—84分）	合格 （60—74分）	不合格 （60分以下）
等级水平				

分析评价结果	
教育策略的调整与改进	

二、对材料的评价

在对区域活动课程进行评价时，教师不仅要以幼儿为对象，更要以材料为对象进行评价，因为材料是区域活动教育价值的载体，在区域活动中，幼儿也是通过与材料的互动而得到发展的。

在区域活动中，教师需要结合《纲要》的要求、幼儿的兴趣和发展水平，进行活动材料的设计、投放，设计中要体现材料的多样性、层次性、操作性，也要注意材料的情境性、吸引性、适宜性，以满足幼儿的不同需要。而科学地分析、评价投放的区域材料，可以让教师将自己对幼儿的了解和对材料的了解有机结合，及时对材料进行动态调整。通过投放适宜的区域材料，教师将活动从传统的师生对话的形式，演变为幼儿与材料互动的模式，可最大限度地发挥区域活动课程的作用。

评价活动材料包括评价材料的安全性、完整性、吸引性、可操作性、层次性、引导性、适宜性、规范性等方面。

（一）安全性

安全是区域材料的基本要求，教师首先应从安全的角度对材料进行评价。在评价材料是否具有安全性时，应从以下几个方面进行：一是材料的外部安全因素，包括材料是否存在危险性，是否会伤害到幼儿，是否符合卫生保健的要求；二是材料的内在安全因素，包括材料的内容是否会让幼儿产生不安的情绪，是否会误导幼儿。

（二）完整性

在区域活动中，完整的活动材料有利于幼儿进行独立操作，也有利于教师将更多的时间和精力用于活动中的个别化指导。因此，关注材料的完整性是评价材料的重要内容之一。在评价材料的完整性时，应检查各个操作步骤所需的子材料是否齐全，若发现有缺失或破损，教师应及时补充，保持材料的完整性。

（三）吸引性

兴趣是幼儿活动中最好的老师，幼儿都喜欢色彩鲜艳、新奇有趣的东西。衡量材料是否具有吸引性，需从区域材料制作的精美度、颜色的和谐度、情境性等方面来进行评价。

图5-12　水果的家

如，图5-12展示的是小班语言区材料"水果的家"，这份材料由消毒后的废弃牛奶盒子制成。根据小班幼儿的认知特点及活动内容，教师设计了直观形象、颜色鲜艳的房子外形，并以情境性的方式呈现在活动区中，材料激发了幼儿的操作兴趣，充分体现了材料的吸引性。

（四）可操作性

材料的可操作性是幼儿在区域活动中探究材料的首要条件，幼儿的自主学习都要通过操作材料来完成。因此，在区域活动中，评价材料是否具有可操作性，应考察材料是否给幼儿提供了操作与创造的空间。

如，图5-13展示是中班数学区中的"花朵与数字"材料，幼儿观察瓶身

图5-13　花朵与数字

上的数字，在点数花朵的数量后，通过将数量与数字对应，将花朵插到花瓶里，完成教师设计的操作单，进一步巩固数与量的概念。此份操作材料共设计了四个操作步骤：点数—对应比较—插花—完成操作单。多方面、多角度的设计增加了材料的可操作性。

(五)层次性

教师要根据班级幼儿的年龄特点、不同的能力、不同的发展水平,设计最适合幼儿"最近发展区"的不同层次的操作材料,以满足不同能力、不同水平的幼儿的个体需求。在评价一份材料时,教师要先观察这份材料是否有前期材料,前期材料能否帮助幼儿建立探索本材料的初步经验,再观察是否有后续材料,后续材料能否进一步促进幼儿的发展。

如,图5-14、图5-15和图5-16是感官区的系列操作材料——嵌板。在评价"多个图形嵌板"这份材料时,我们发现它有前期材料——单一图形嵌板,后续材料——复杂组合图形嵌板,操作方式由易到难,充分体现了材料的层次性。

图5-14 单一图形嵌板

图5-15 多个图形嵌板

图5-16 复杂组合图形嵌板

（六）引导性

在区域活动中，幼儿是自主学习、自由探究的个体，幼儿在与材料的对话中，实现区域活动的教育目标。在设计材料的过程中，教师要根据幼儿的操作能力，挖掘材料背后的内涵，设计出能让幼儿进行正确操作的线索；在评价材料时，教师应观察幼儿是否能利用材料中的线索，独立操作并形成成果。

如，图5-17是小班生活区的材料"夹相框"，相框上巧妙设计的几条橙色的线就是引导幼儿独立操作的线索。教师需观察幼儿是否能依据线索找到夹子的固定位置，独立完成作品。图5-18是大班科学区的材料"动物的成长拼图"，教师在设计这份材料时，制作拼图底板，提供了相同颜色和不同数字的操作线索。

图5-17　夹相框

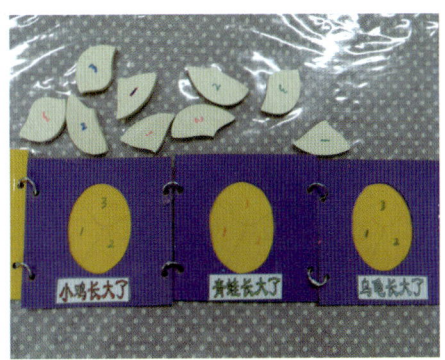

图5-18　动物的成长拼图

（七）适宜性

适宜的材料有利于幼儿的认知发展，在评价材料的适宜性时应从以下两个角度进行：一是从材料出发，考察这份材料的目标、内容是否贴近所属区域的总目标；二是从幼儿出发，首先观察这份材料所要传递的知识是否符合幼儿的认知发展水平，然后观察材料的操作难度是否符合幼儿的能力发展水平。

（八）规范性

区域活动材料以开放的形式呈现在活动室中，材料摆放整齐、规范、合理，有利于幼儿操作，也有利于建立一个有秩序的活动空间。

如，图5-19是一份小班科学区材料"给动物找尾巴"，两个不同颜色的托盘分别装小动物的身体和尾巴，这样有利于小班幼儿的操作，也有利于材料的整齐、美观，增加了材料的吸引力。

因此，从以上几个方面对投放的材料进行评价，有助于教师及时发现材料的不足，随时调整材料，真正做到尊重幼儿的个别差异，通过区域活动使幼儿的兴趣、爱好、发展水平得到充分的展示和发展。

图5-19　给动物找尾巴

《区域材料评价记录表》（见表5-7）可供教师评价区域材料时参考。

第五章 区域活动的分析与评价

表 5-7 区域材料评价记录表

———班数学区材料评价记录表（大班）

时间：2010年9月—2011年1月

内容	安全性			完整性			吸引性			可操作性			层次性			……		
	1	2	3	1	2	3	1	2	3	1	2	3	1	2	3	1	2	3
红蓝棒																		
数字与筹码																		
比大小																		
扎数字小书																		
书写数字																		
数量连线																		
人民币																		
……																		

注：1——好，2——良好，3——一般。

实践篇

- 六 预备区域
- 七 基本区域
- 九 延伸区域
- 八 创意区域

图6-1 生活区整体环境

切、捏、夹、擦、卷等动作的练习。自我服务能力方面包括穿脱衣服、系纽扣、系鞋带、进行简单的编织活动、切水果、整理物品等能力的培养。环境照顾方面主要是对幼儿保持环境卫生的习惯的培养,包括打扫、整理环境、擦洗桌椅等的练习。生活礼仪方面的训练涉及打招呼、问候、致谢、递交物品、咳嗽、打喷嚏等。生活区中的练习有利于培养幼儿的日常生活技能,使幼儿养成良好的生活和卫生习惯。(生活区整体环境如图6-1所示)

《纲要》中提出了"指导幼儿学习自我服务技能,培养基本的生活自理能力"的要求,只有帮助幼儿掌握了基本的生活技能,使幼儿学会照顾自己,提高自理能力,才有进一步发展其他能力的基础。生活区是小班幼儿的重要区域活动内容,教师可以根据本班幼儿的实际发展情况,充分利用各种资源,给幼儿提供自我锻炼的机会,并把日常生活练习与幼儿的现实生活联系起来,帮助幼儿建立良好的生活习惯和能力。

二、不同年龄段幼儿生活自理能力的发展特征

幼儿园生活区的活动是以幼儿在一日生活中需要运用到的各种生活技能为基点,以培养幼儿的自我生活能力为目标,以提高幼儿的动手能力为核心所开展的活动。生活区的活动内容涵盖基本动作、自我服务能力、照顾环境及生活礼仪四大方面,生活区的每一份材料都体现了不同年龄段幼儿生活自理能力方面的发展特征。

刚入园的小班幼儿拥有一定的自理意识,但还是难免带有一些"婴儿"

的痕迹,他们在生活中很想摆脱成人的监护,但是又缺乏自我服务能力的技巧,他们的大肌肉动作发展迅速,精细动作发展缺失,小班的生活区活动内容主要以提升幼儿的基本动作技能为主,其内容主要包括愉快地进餐、正确地使用勺子和筷子、饭后擦嘴、正确洗手如厕等,在培养幼儿养成良好的生活秩序感的同时提升其自我照顾能力。

中班幼儿有了小班阶段生活经验的积累,对周围的环境具有一定的适应能力,基本形成了良好的生活习惯及基本的生活自理能力、安全意识及自我保护能力,其基本动作也变得越来越灵活、协调。随着自我服务能力的提升,中班幼儿有了主动照顾他人的意愿,因此,中班的生活区目标在继续提升幼儿生活自理能力的同时,添加了照顾同伴、为集体服务的内容。中班生活区的内容包括按次序穿脱衣服和鞋袜、正确刷牙洗脸、保持仪表整洁、值日生工作等。

大班幼儿的生活自理能力已基本具备并日渐成熟。在设置大班生活区的目标时,除了包括引导幼儿学会照顾自己、照顾他人,还对幼儿提出了照顾周围环境的更高要求;在设计大班生活区的活动内容时,教师以提高幼儿为他人服务、为周围环境服务为基点,注重培养他们乐于动手、善于动手的能力,同时,结合幼小衔接的需要,在提供的生活区材料中,更注重了真实性与实用性,让幼儿在真实的情境中通过操作真实的材料形成良好的生活能力,例如:系鞋带、整理床铺、扫地擦桌子、收拾文具书包、自制饭团、蒸鸡蛋等。

三、生活区目标

(一)区域总目标

(1)拥有基本的生活自理能力,养成良好的生活、卫生习惯。

(2)知道必要的安全保健常识,学会保护自己。

(二) 各年龄段目标

1. 3—4岁

①初步培养良好的生活、卫生习惯。

②熟练使用勺子，发展手的动作。

③认识身体各部位的名称，知道其主要功能。

④初步了解应对意外事故及体育活动中的安全常识。

2. 4—5岁

①学习保持自己和周围环境的卫生，有初步的生活自理能力。

②初步学习使用筷子，能操作简单的劳动工具或用具。

③认识身体的主要器官及主要功能。

④了解应对意外事故及体育活动中的安全常识；懂得快乐有益于健康。

3. 5—6岁

①讲究个人和公共环境卫生，进一步培养良好的生活习惯和自理能力。

②熟练使用筷子，参与力所能及的劳动。

③认识身体的主要器官及主要功能。

④学习躲避危险、应对意外事故和快乐身心的基本方法。

四、生活区环境创设

"生活即教育"。生活是教育的源泉，幼儿园教育应该根植于幼儿的一日生活，而环境则是重要的教育资源，教师应通过创设并有效利用环境来促进幼儿的发展。教师在创设生活区环境时，应该充分考虑幼儿的年龄特征、发展需求、区域特性、空间大小，从区域布局、场地分配、设施配备、物品摆放、进区人数等方面进行科学合理的规划，让幼儿在开放的环境中，有计划、有目的地进行主动探究与亲身体验，在做中学的过程中提升自身的自理能力、劳动技能、交往能力。

第一，选址因地适宜，保证区域的独立性。生活区所有材料与幼儿的生活息息相关，每一份材料的学习内容、教育目标、操作方式各不相同，有的材料需要个别探究，有的材料需要合作操作。为了满足幼儿的个体学习及同伴间的互动交流，保证区域之间相互不受到干扰，区域的独立性就显得尤为重要，因此生活区尽量不要与数学区、语言区等对相对安静的区域为邻，以免降低学习的有效性。

第二，不同年龄段幼儿的生活区空间大小不一。在规划生活区空间时，需尊重不同年龄段幼儿的发展水平及个体需求，如：小班幼儿的生活自理能力、精细动作尚处于亟待提升阶段，教师需要投放大量独立的锻炼手指灵活性及动作协调能力的材料。而对小班幼儿来说，呈现在活动柜中的每一份材料都需要便于取放，基于此原因，小班生活区的区域空间要明显大于中大班。

第三，创设专门存放器皿及使用水电的空间。食品工作是生活区的一部分。食品工作涉及的都是开放型的材料，需要用到水、电、刀具、餐具及食材加工的相关工具。为了保证区域的安全性，食品工作区应被设置在靠近水源、电源的地方，以方便幼儿清洗食材与操作小家电。为了顺利开展食品工作，在生活区中还需要有一个固定的空间摆放各种食品工作的器皿。在各种器皿及操作工具上，教师都应该贴上明显的安全警示标识，提醒幼儿注意安全。为了确保幼儿操作过程中的安全，班级生活区的食品工作一般采用的是预约制，要适当地控制人数，在教师的指导下保障幼儿充分操作。

五、生活区活动框架

生活区材料是教师基于《纲要》和《指南》的精神，以及幼儿园课程整体目标中对幼儿生活能力发展的要求，根据幼儿的发展需要，以真实生活为原型，为幼儿提供的游戏化、情境化、活动化的系列材料；幼儿通过与材料的互动，在直接感知与亲身探索中，在生活习惯与自理能力方面获得提升。表6-1是幼儿园小、中、大班生活区的活动框架。

表6-1 生活区活动框架

班级序号	小班	中班	大班
1	捞一捞	瓢虫找妈妈	七彩小鱼
2	小鸟在唱歌	洗毛巾	开锁
3	毛毛虫	卷铅笔	穿手链
4	扎草莓	晾衣服	缝蝴蝶
5	扣布环	照顾花草	编辫子
6	拧螺丝	给娃娃洗澡	刨瓜皮
7	漏斗倒水	熨裤子	缝手袋
8	扫石子	千千结	织围巾
9	插花	十字绣	彩虹手链
10	漂亮的饰品盒	编织机	绣花
11	夹包子	青柠蜜饮	蒸水蛋
12	水果串	切鸡蛋	全西红柿饭
13	剥花生	香蕉奶昔	动物烤麸
14	榨橙汁	开心饭团	寿司拼盘
15	做汤圆	包饺子	烤饼干
16	制作水果沙拉	手擀面	蒸馒头

六、生活区活动实例

本书中仅选取少数案例,其他案例见"幼儿园区域材料丛书"中的《幼儿园生活区材料设计与评价》一书。

(一)活动设计背景

日常生活是幼儿学习的源泉,幼儿在生活中能够习得基本的生活技能,提高自我服务能力。但是在现实中,成人过多的包办代替会使幼儿产生依赖性,使幼儿失去了许多独立动手的机会。生活区的活动旨在让幼儿在与材料的互动中,学习常见的生活用品使用方法,锻炼小手肌肉动作,提高手指的灵活性和手眼协调能力,使其精细动作得到进一步发展。

(二)生活区活动案例

活 动 一

(1)活动名称:铲宝石。

(2)活动目标:

①提高手眼协调能力。

②了解手铲的使用方法,尝试用铲子铲宝石。

③愿意动手参与,体验成功的快乐。

(3)材料解读:

①选用一个高一些的托盘,以免幼儿在使用手铲时里面的物品掉出。

②选择大小合适的手铲,适合幼儿抓握与操作。

③选用塑料宝石作为铲的物品,宝石大小、数量适中,便于幼儿完成操作并获得成功感。

图 6-2 材料构成

（4）材料构成（见图 6-2）：

① 手铲 1 个，彩色塑料宝石 1 小碗。

② 托盘，小碗。

图 6-3 将宝石倒入托盘

（5）操作步骤：

① 将整个托盘取出，放在地毯中间。

② 把小碗里的宝石倒在托盘里并打散（见图 6-3）。

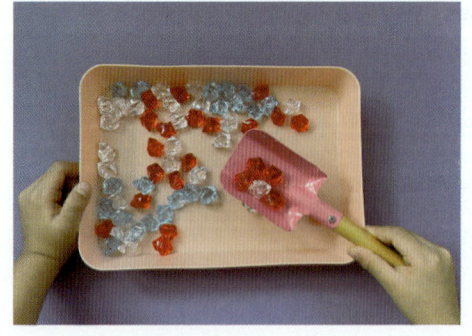

图 6-4 用手铲铲起宝石

③ 一手扶托盘，一手拿手铲，将宝石铲回小碗（见图 6-4）。

④逐渐将全部宝石铲完，清理干净托盘（见图6-5）。

（6）适宜年龄：3—4岁。

（7）错误控制：在手铲上的抓握处做出颜色标记，引导幼儿找到正确的抓握位置。

（8）注意事项：鼓励幼儿尝试用左右手练习手铲的动作。

图6-5　把宝石送回家

（9）变化延伸：根据幼儿的能力发展更换铲的材料，如：不同大小的塑料片、珠子、豆子等。

活　动　二

（1）活动名称：晾衣服。

（2）活动目标：

①提高手指动作的灵活性。

②掌握双手配合使用夹子的方法要领。

③乐意动手参与操作活动，增强自我服务意识。

（3）材料解读：

①准备桌面、晾衣架和无纺布制作的衣服，设置情景化的操作材料——晾衣服。

②根据幼儿手指的力量选择适当的夹子，便于幼儿操作。

（4）材料构成（见图6-6）：

①托盘、晾衣架各1个，无纺布衣服9件，彩色木质夹子8个。

②藤编小筐。

图6-6　材料构成

（5）操作步骤：

①端出晾衣架和托盘并放在地毯上，取出装衣服和彩色木夹子的筐和盒子。

②在地毯上按颜色将衣服和彩色木夹子对应摆好（见图6-7）。

图6-7　按相同颜色摆放

③取出一对夹子和衣服，一手拿衣服，一手捏夹子，将衣服夹在晾衣架的晾衣杆上面（见图6-8）。

图6-8　把衣服夹在晾衣杆上

④逐一夹完剩余的衣服，欣赏自己的劳动成果（见图6-9）。

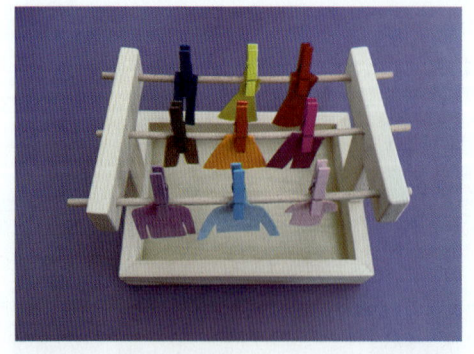

图6-9　欣赏劳动成果

（6）适宜年龄：4—5岁。

（7）错误控制：晾衣杆上有划分两头的标记，此标记提醒幼儿将衣服夹在相应的区域内。

（8）注意事项：

①教师定期检查木质夹子，发现损坏要及时更换。

②提醒幼儿在夹衣服时注意保持间隔，将衣服不重叠地夹在一起。

（9）变化延伸：

①随着幼儿的能力发展更换松紧程度不同的夹子。

②更换操作形式，改用小衣架晾小衣服，提高幼儿的自我服务能力。

活 动 三

（1）活动名称：缝蝴蝶。

（2）活动目标：

①在缝制中提高精细动作能力。

②了解缝线的方法，尝试用平针缝简单的物件。

③愿意动手尝试，体验劳动的辛苦和成功的喜悦。

（3）材料解读：

①选择富有民族特色的布框、插针包等，吸引幼儿的兴趣。

②投放穿线器穿针，降低穿针的难度。

③缝上去的物件大小适中，并已事先打好缝孔，便于幼儿操作。

（4）材料构成（见图6-10）：

①布框，正方形空白绣布，插针包，两种颜色的线圈，布蝴蝶，穿线器，剪刀。

②托盘。

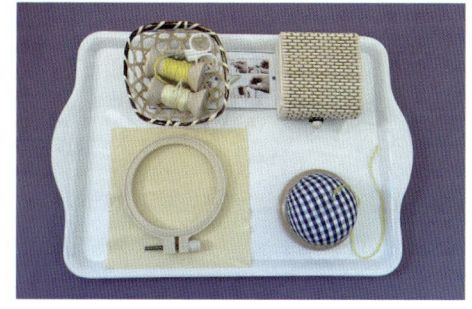

图6-10 材料构成

(5)操作步骤：

①将布框和布从托盘中取出，将布装在布框上，拧螺丝，将其固定（见图6-11）。

②拿出穿针器、针和线，穿线后，将尾端用绕线圈的方式打结。

图6-11 固定布框

③选择喜欢的蝴蝶图案，将其缝在布上（见图6-12），缝好后打结并用剪刀剪掉多余的线。

图6-12 用针线缝蝴蝶

④解开布框，欣赏小手绢（见图6-13）。

图6-13 欣赏小手绢

(6)适宜年龄:5—6岁。

(7)错误控制:材料里配有缝纫方法步骤示意图。

(8)注意事项:

①教师要注意引导幼儿按步骤耐心完成操作。

②打结是活动的难点,教师可在旁边示范如何操作。

(9)变化延伸:当幼儿的能力提高后,教师可以让幼儿尝试缝一些简单的图案(如花朵、鱼等)感受中国刺绣文化。

活 动 四

(1)活动名称:包饺子。

(2)活动目标:

①在包饺子的过程中锻炼手部的控制能力。

②了解制作饺子的基本步骤,学习包饺子的方法。

③乐意动手制作中国传统食物,感受生活的乐趣。

(3)材料解读:

①饺子是幼儿生活中较常见的传统美食。让幼儿自己制作食物,体验包饺子的步骤和方法,这个过程激发了幼儿对传统美食的了解与热爱。

②幼儿需提前预约,提前在家里准备好饺子皮和饺子馅,在活动当天的早上将新鲜的食材带过来。

(4)材料构成(见图6-14):

①饺子皮10张,饺子馅若干,玻璃碗,水杯,蒸碟,勺子,抹布,围裙。

②托盘,蒸锅。

(5)操作步骤:

①穿好围裙,将各项材料摆

图6-14 材料构成

图6-15 放入适量饺子馅

图6-16 将饺子皮捏紧

图6-17 煮熟后一起品尝

好,在小碟子里装一点清水。

②取一张饺子皮,用勺子舀适量的饺子馅并放在饺子皮中间(见图6-15)。

③用手指从水杯里蘸一点水抹在饺子皮的边缘,两手将饺子皮捏起合拢,放入蒸碟(见图6-16)。

④按此方法,包完剩余的饺子皮。

⑤教师将蒸碟放入蒸锅中,开火蒸15分钟,幼儿清洗工具。

⑥教师帮幼儿将蒸好的饺子取出,幼儿在桌上摆放好碗和勺子。

⑦邀请同伴一起品尝饺子(见图6-17)。

(6)适宜年龄：5—6岁。

(7)错误控制：教师在旁指导并示范包饺子。

(8)注意事项：

①因蒸饺子需要用到电器，而且电器运行时温度高，所以将饺子放入蒸锅和从蒸锅里取出来这两个步骤由教师帮助幼儿完成。

②提醒幼儿在包饺子时将封口捏合拢，不要漏出饺子馅。

(9)变化延伸：可以尝试制作面片、做馒头等面食。

第二节 感官区

幼儿时期是感官发展的关键期，感官区是幼儿早期认知发展的窗口。感官区是比较有特色的活动区域，它借助发展幼儿视觉、听觉、嗅觉、味觉、触觉的相应材料，促进幼儿的感官发展。

一、感官区内涵

教师可以在感官区里投放幼儿可自主选择、自我探索的材料，让幼儿在拼、摆、摸、看、听等操作活动中，充分调动多种感官认识事物的属性，促进幼儿视觉、听觉、嗅觉、味觉、触觉等多种感官均衡、协调地发展，训练幼儿的注意力、观察、比较和判断的能力，帮助幼儿建立分类、配对、排序等概念并发展初步的逻辑思维能力。感官练习更多地蕴含在幼儿的日常生活当中。教师要创设感官区的环境，引导幼儿运用多种感官充分感受、体

图6-18 感官区整体环境

验、探索生活中的事物，从中获得生活与学习经验，提高感官的敏感性和精确性。（感官区整体环境如图6-18所示）

二、不同年龄段幼儿感官能力的发展特征

幼儿从出生起，就会借着视觉、听觉、嗅觉、味觉、触觉等感官来熟悉环境和了解事物，幼儿期则是感觉器官发展的关键时期。此阶段的幼儿更能透过感官判断周围环境中各类事物的变化与不同，幼儿园应该为其提供能够支持幼儿充分利用感官进行各种探究的机会，让他们在亲身体验、主动探索的过程中感受周围世界的丰富与多样。

幼儿园的感官区材料以蒙台梭利设计的感官区教具为基础，依据不同年龄段幼儿的发展特点及个性需要配置而成，主要包含视觉、听觉、嗅觉、味觉、触觉五大方面的内容。幼儿在与材料互动的过程中，通过看一看、听一听、闻一闻、尝一尝、摸一摸等途径来认识物质世界中各种物体的特性与属性，通过配对、排序、分类等多种不同的操作方法实现感觉的发展。

感官区内容的确定与材料的投放同样结合了幼儿的年龄特征，遵循幼儿感知觉发展的规律。例如：小班幼儿的视觉感知能力不强，在辨别物体的大小、高矮、粗细、形状、颜色、图案的过程中，还停留在单一物体的表面特征的层面，不能辨别出材料的多维特征。基于此原因，在设计视觉游戏材料"色板"时，小班教师只投放红色、黄色、蓝色3组清晰可辨的不同色系色板。随着幼儿辨别意识的增强，中大班幼儿能够辨别的颜色种类的数量也会由刚开始的3组过渡到6组乃至11组。他们不再是面对孤立的、不同色系的三种单独的颜色，而是需要在众多的颜色中找出它们细微的差别与不同，区分多种不同色系的颜色甚至同一色系的渐变色。从简单的一份视觉游戏材料实例中可以发现，适宜的材料对幼儿感官的刺激意义深远，不仅能够挖掘他们的各种感觉的潜能，而且能够促使他们的感觉能力变得更加精准与敏锐。感官区材料真正有助于实现幼儿的感知能力从无意性向有意性发展、从冲动性向思

考性发展，从笼统向精细化发展，从整体与部分的单向发展向两者统一的方向发展的目标。

三、感官区目标

（一）区域总目标

①能运用各种感官，动手动脑，探究问题。

②培养手眼协调能力、专心独立的品质和秩序感。

（二）各年龄段目标

1. 3—4岁

①喜欢摆弄物品。

②能用多种感官或动作去探索物体，关注动作所产生的结果。

③增强手部与手臂肌肉的控制能力。

2. 4—5岁

①动手、动脑探索物体和材料，并乐在其中。

②能对事物或现象进行观察比较，了解事物之间的关系，发现其相同与不同之处。

③认识事物的属性，形成概念，建立逻辑思维。

3. 5—6岁

①在探索中有所发现时感到兴奋和满足。

②能通过观察、比较与分析等方法解决问题，发现并描述不同种类物体的特征。

③完善各种感官的功能，发展创造性思维能力。

四、感官区环境创设

皮亚杰认为，幼儿的思维起源于动作，抽象水平的逻辑能力来自幼儿对动作具有逻辑意义的概括和内化。幼儿认识事物的过程则是幼儿运用与生俱来的眼睛、耳朵、鼻子、嘴巴、手等器官，看看、听听、闻闻、尝尝、摸摸的过程，从而感受周围环境的丰富性与多样性，建构不同领域的认知经验。幼儿所有的认知经验以感官体验为基础，因此，感官区是一个十分重要的区域。

教师在规划感官区的空间时，应该努力为幼儿创设最优的环境，充分考虑感官区教育环境应具备的特点，以丰富幼儿的知识和经验、提高幼儿的感知能力、激发幼儿的好奇心和求知欲望为目标，让环境能够最大限度地支持和满足幼儿直接感知、实际操作和亲身体验的需要。

第一，空间体现独立性与区域之间的延续性。感官区作为数学区的预备区域，应该尽量与安静的数学区为邻，这样的规划不仅能够使幼儿在探究时拥有独立和完整的操作体验空间，有效避免其他吵闹区域的干扰，还能够使幼儿在感官区中获得的经验直接作用于数学学习，丰富的感官经验能为幼儿逻辑思维运算等能力的发展推波助澜。

第二，适时调整活动空间的大小，助力幼儿能力的提升。幼儿园区域活动打破了传统的教学空间的布置格局，强调幼儿的自主选择性学习，重视幼儿与环境、材料三者之间的相互作用，因此不同的区域空间能够满足不同发展水平的幼儿的需要。教师通常需要根据不同年龄段幼儿的学习能力、发展水平来规划感官区的空间，例如，小班幼儿的思维以具体形象为主，逻辑思维能力不强，因此小班感官区的空间相对中大班要大很多，教师应尽可能多为小班幼儿提供视觉、听觉、嗅觉、味觉、触觉、温觉、重量觉等各种材料，从而引发幼儿进行主动探究性学习。随着幼儿各方面能力的提升，教育目标及重点的转移，感官区的空间也将由大变小，到大班下学期，感官区将有可能消失在活动室的空间中。

第三，活动空间体现出"规则"的意义。区域活动是教师将教育意图转化为活动材料的一种活动，更接近幼儿的"最近发展区"，幼儿需要在有限的空间里进行自我学习、自我探索、自我发现和自我管理。为了给幼儿营造一个自由发展的空间，教师应巧妙地从材料目标、性质、功能、操作方法等不同的维度对活动材料进行分类，以一种情景式、生活化的方式呈现在他们面前，将对规则意识的培养渗透到环境中，让幼儿一目了然，在不断地、主动地操作材料的过程中以自己的记忆方式感知材料的具体位置及操作方法，达到教育、学习的预期目标。

五、感官区活动框架

感官区材料是教师基于《纲要》和《指南》的精神，以及幼儿园课程整体目标中对幼儿感官能力发展的要求，根据幼儿的发展需要，以真实生活为原型，为幼儿提供的游戏化、情境化、活动化的系列材料，幼儿通过与材料的互动，在直接感知与亲身探索中，促进感官的发展。表6-2为幼儿园小、中、大班感官区活动框架。

表6-2 感官区活动框架

班级序号	小班	中班	大班
1	蝴蝶拼图	恐龙拼图	对色游戏
2	海豚拼图	纽扣配对	动物乐园
3	娃娃配对	水果叠叠高	几何图形配木棍
4	小动物配对	小丑天平	几何图形排队（长短）
5	贝壳配对	图形嵌板	空间图形拼图
6	找影子	几何图形	椅子乐
7	立体影子	七巧板	小猫在哪里

（续表）

班级 序号	小班	中班	大班
8	动物嵌板接龙	几何图形创意板	索玛鲁班魔方
9	草帽排队	大象平衡木	精油瓶
10	海马甜甜圈	彩虹鹅卵石	
11	小兔一家	棒棒糖	
12	奇趣蛋	摸摸神秘袋	
13	佩奇一家		
14	图形嵌板		
15	图形插桩		
16	平衡小企鹅		

六、感官区活动实例

（一）活动设计背景

感官区的活动材料是以唤醒幼儿的各种感官、动手能力、视觉辨析能力为目标而设计的，材料涉及能够促进幼儿嗅觉、味觉、听觉发展的各种活动，比如：发展幼儿嗅觉辨析能力的材料，通过提供香料、酒精、醋水等不同气味瓶的玻璃瓶，让幼儿闻一闻，分辨不同气味并用语言表述；感知不同气味的瓶子，让幼儿分辨有细微差别的气味。类似的材料还有味觉瓶、听音材料等，让幼儿对看到、听到、摸到、尝到和闻到的各种物品，有更灵敏的感受、判断，并能通过感觉器官的验证，充分肯定自己对客观事物的认识能力，并对客观情况做出合理的反应，帮助幼儿的感官得到均衡和谐的发展，使幼儿获得丰富的生活与学习经验。

（二）感官区活动案例

活 动 一

（1）活动名称：小动物配对。

（2）活动目标：

①在辨认活动中提高视觉分辨能力和专注力。

②能通过视觉鉴别和比较动物之间的不同，对材料进行分类配对。

③愿意参加活动，乐于动手操作和探索。

（3）材料解读：

①形态可爱的小动物模型能吸引幼儿的兴趣。

②将配对好的小动物放在有左、右两边的小树桩底座上，既美观，又便于幼儿区分与观察。

（4）材料构成（见图6-19）：

①树桩6个，动物6对。

②托盘，藤筐。

图6-19　材料构成

（5）操作步骤：

①从托盘中拿出小树桩，摆成一排（见图6-20）。

②将藤筐中的小动物逐一拿出观察，并散放在地毯上。

图6-20　取出小树桩

图6-21　两两配对

③找到一样的动物配对,两两配对(见图6-21)。

图6-22　放树桩上观察

④将配对好的动物放在树桩上,再次观察(见图6-22)。

(6)适宜年龄:3—4岁。

(7)错误控制:配对的动物底部贴有相同颜色的小圆形贴纸。

(8)注意事项:

①配对的小动物中有些外形一样、颜色不一样,有些外形一样、大小不一样,教师应引导幼儿仔细观察、比较。

②小树桩分左、右两边,需要幼儿耐心地将动物一左一右放上去,这可以锻炼幼儿手部的肌肉控制能力。

(9)变化延伸:

①根据幼儿的发展,可以更换为颜色、形状、复杂物品等的配对。

②可以采用教师与幼儿、幼儿与幼儿双人合作的方式进行。

活 动 二

（1）活动名称：摸摸神秘袋。

（2）活动目标：

①在操作中提高触觉的敏锐感知能力。

②尝试在神秘袋中用手触摸，感知物体的材质和形状，找到相应的物品。

③对触觉游戏感兴趣，敢于参与体验，在操作过程中获得成功的喜悦。

（3）材料解读：

①用于触摸的物品有软的、硬的，光滑的、粗糙的，圆的、方的等不同材质及不同外形，让幼儿能充分感知。

②把物品放入神秘袋中触摸，触觉的感知体验会更强烈。

（4）材料构成（见图6-23）：

①木头骰子、泡沫葫芦球、乐高轮子、玻璃球、毛球、钥匙扣各两套，神秘袋1个。

②托盘，碟子。

图6-23　材料构成

（5）操作步骤：

①打开垫布，取出装材料的碟子，观察里面的物品。

②在碟子中取出一个物品，用手触摸，感知物品的材质与外形，放在垫布上面（见图6-24）。

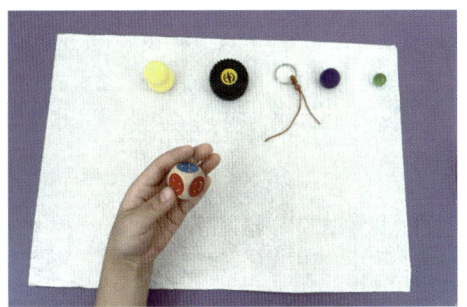

图6-24　感知物品特征

图 6-25　摸出一样的物品

③取出神秘袋，伸手摸出和垫布上一样的物品，取出来对比后放在一起（见图6-25）。

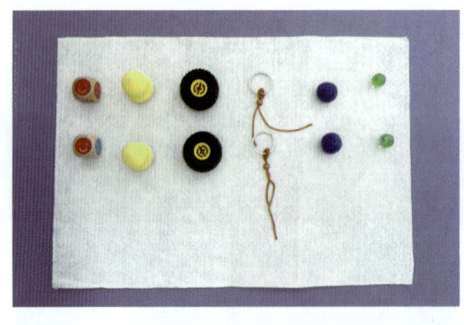

图 6-26　摸完所有物品

④用以上方法逐一摸完所有的物品（见图6-26）。

⑤用简单的语言说一说每种物品摸起来的感觉。

（6）适宜年龄：4—5岁。

（7）错误控制：图片和物品的对应。

（8）注意事项：引导幼儿根据参照物在神秘袋中触摸、寻找物品，如果拿出来的物品不对，需放回神秘袋，重新触摸、寻找。

（9）变化延伸：

①根据幼儿能力的发展，可增加难度，只提供图片，幼儿根据图片的提示在神秘袋中触摸感知，寻找物品。

②为了增加材料的新鲜感，更换其他物品，让幼儿触摸体验。

活 动 三

（1）活动名称：精油瓶。

（2）活动目标：

①提高嗅觉的敏锐度。

②辨别相同颜色、不同气味的精油，尝试对精油进行分组。

③愿意参加探索活动，喜欢表达自己的想法。

（3）材料解读：

①用能密封的小瓶子分装各种精油，刺激幼儿的嗅觉，使其辨别气味。

②提供纯正质地的精油（尽量不含化学成分和香精）。

③提供气味差异较大的精油，使幼儿容易分辨。

（4）材料构成（见图6-27）：

①薄荷、柠檬、玫瑰花三种精油（每种两小瓶），精油名称卡，木茶托。

②篮子。

图6-27 材料构成

（5）操作步骤：

①从篮子中取出一瓶精油，打开盖子闻一闻，说一说是什么气味（见图6-28）。

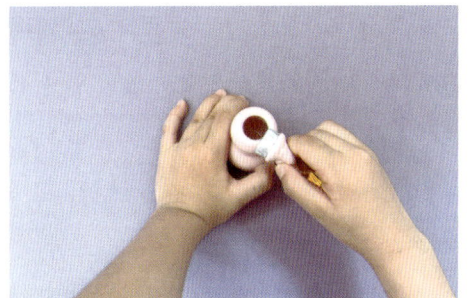

图6-28 闻闻气味

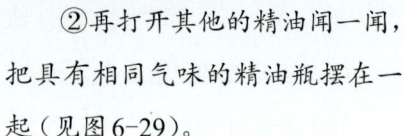

②再打开其他的精油闻一闻，把具有相同气味的精油瓶摆在一起（见图6-29）。

③以此方法，找出相同气味的三对精油瓶并摆放精油名称卡。

图6-29　把气味相同的精油瓶放在一起

④翻转精油瓶，检查底部的图形标记和精油名称卡是否一致（见图6-30）。

图6-30　检查标记是否正确

（6）适宜年龄：5—6岁。

（7）错误控制：相同的精油瓶底部的图形标记一致。

（8）注意事项：

①教师要提示幼儿，嗅闻时注意不要把精油倒出来，闻完后及时拧紧瓶盖。

②在语言描述上，教师可以引导幼儿进一步丰富语言，让幼儿充分发挥想象力，描述闻到的气味给自己带来的身体感受与想象。

（9）变化延伸：

①增加香油、花露水等材料，引导幼儿辨别气味、分辨用途，丰富生活体验。

②可以采用教师与幼儿、幼儿与幼儿双人合作的方式进行。

第三节 生态区

生态区以种植和饲养活动为基本内容，幼儿通过亲身参与种植花卉、蔬菜以及照料、饲养小动物等活动，体验亲近大自然与小动物的快乐，了解常见动植物的外形特征及生长的基本规律，培养幼儿热爱大自然、保护环境的意识。

一、生态区内涵

幼儿园的生态区承担了对幼儿进行科学、健康、社会教育的任务，是提高幼儿的观察力、增长和丰富其知识的途径之一。班级内的生态区一般包括植物角与饲养区两个部分，结合起来变成"生态区"。通过设置生态区，既可以美化环境，使活动室美观、充满生气，也可以使幼儿的生活更加生动有趣、丰富多彩。同时，在教师的指导下，让幼儿参与种植和饲养活动，可使他们积极主动地仔细观察植物与动物，从中发现平时没有注意到的植物的一些外形特征和生长变化，培养其观察力，从而激发对自然的兴趣以及探索大自然奥秘的求知欲望，增强环保意识。（生态区环境如图6-31所示）

幼儿园内还可以开辟专门的

图6-31　生态区环境

四、生态区环境创设

《纲要》中提出了"爱护动植物，关心周围环境，亲近大自然，珍惜自然资源，有初步的环保意识"的目标。幼儿园的生态区是幼儿认识自然世界的一个微缩窗口，多以种植植物、照顾动物为主，幼儿通过观察、种植、照顾生态区里的动植物，感知自然界的多样性和丰富性，激发对周围事物的好奇心和求知欲望。生态区让幼儿在感受自然界变化规律的同时，通过亲身操作与体验从小树立正确的环保意识。

生态区的空间一般由幼儿园室内一角、教室之间的廊沿或室外小阳台改造而成。教师在创设生态区环境时应注意以下条件。

第一，选择阳光充沛、适合植物生长的场地。植物的生长离不开光照、水分、土壤。教师在选取生态区的位置时，需要合理布局，将种植区域规划到采光性能好、接近水源的地方，这样既有利于植物生长，也方便幼儿给植物浇水。

第二，选择通风条件良好的饲养小动物的场所。为了让幼儿感知生命的成长过程、更好地了解植物与动物之间的关系，在班级的生态区中，教师经常会根据季节、幼儿的兴趣饲养一些小动物，如蝌蚪、蚕宝宝、小仓鼠等。饲养小动物的空间虽然不需要常年的阳光照射，但是从幼儿健康及环境整洁的角度考虑，一定要将小动物的饲养角选在通风好、方便清扫的位置，以便幼儿能够亲自喂养与打扫。

第三，提供安全的生态区操作工具。生态区是幼儿天天接触、长期观察、亲自管理的地方，幼儿在活动时需要运用各种种植、浇水、饲养、清扫、观察、记录的工具（如小铲子、浇水壶、小扫把、小桶、放大镜、记录用的纸笔等）进行劳动与观察。教师应本着安全、方便、好用、有趣的原则为幼儿选择各种适宜的工具，并将其有序地挂放到固定的位置，从而方便幼儿取放和使用。适宜的操作工具容易吸引幼儿观察和探索生态区的奥秘，激发他们探究自然科学的主动性，还能够激发他们参与管理生态区的热情。

五、生态区活动框架

生态区的材料是教师基于《纲要》和《指南》的精神，以及幼儿园课程整体目标中对幼儿生态领域能力发展的要求，根据幼儿的发展需要，以真实生活为原型，为幼儿提供的游戏化、情境化、活动化的系列材料，幼儿通过与材料的互动，在直接感知与亲身探索中获得对生态方面的认知提升。表6-3为幼儿园小、中、大班生态区活动框架。

表6-3 生态区活动框架

班级 序号	小班	中班	大班
1	给小花浇水	饲养小乌龟	插花
2	可爱的小蝌蚪	豆芽长出来了	种花生
3	照顾小鸭	种青菜	饲养小金鱼
4	嫩绿的葱苗	豆角丰收	蚕宝宝的一生
5	种大蒜	蚂蚁工房	蚯蚓日记
6	…	…	…

六、生态区活动实例

（一）活动设计背景

幼儿园的生态区通常以种植、饲养活动为主要内容，目的是让幼儿了解种植及饲养的基本方法。幼儿在生态区的活动中学会照顾动植物，尝试用不同的观察方法与记录方式表现动植物的生长变化过程，从而更好地培养责任心和做事认真负责的态度。

（二）生态区活动案例

活动一

（1）活动名称：种大蒜。

（2）活动目标：

①在种植的过程中提高观察、比较的能力。

②了解种植的基本方法和步骤，用按、压的方法种植大蒜。

③对种植活动感兴趣，乐意参加种植活动。

（3）材料解读：

①选择适合种植的大蒜（无腐烂和损坏）。

②选择松软的土壤和花盆。

（4）材料构成：大蒜，小盘，花盆，水壶，尺子，植物种植牌。

图6-32　剥开大蒜种子

（5）操作步骤：

①选取一颗大蒜，将大蒜蒜瓣掰开，准备好大蒜种子（见图6-32）。

图6-33　种下大蒜种子

②准备花盆和泥土，使蒜瓣尖头朝上，用手将蒜瓣按进土里，再轻轻用泥土压住蒜瓣（见图6-33）。

③在植物种植牌上记录种植日期，插入花盆中。

④给蒜瓣浇水,让蒜瓣汲取足够的水分,快快生长(见图6-34)。

图6-34 给种子浇水

⑤定期观察大蒜从慢慢发芽,破出表皮,到长出嫩绿的幼苗,最后长成蒜苗的变化(见图6-35)。

图6-35 观察蒜苗变化

(6)适宜年龄:3—4岁。

(7)错误控制:在种植时,教师可引导幼儿先将大蒜蒜瓣一个一个地掰开种植,将蒜须朝下,不宜埋得过深。

(8)注意事项:教师应引导幼儿在浇水时注意对量的把握,提醒幼儿在观察时不随意用手触碰蒜苗。

(9)变化延伸:

①鼓励幼儿在家中参与种植活动,观察花卉的生长。

②教师可以把幼儿种植大蒜及照顾大蒜的成长过程拍成照片,打印出来制作成幼儿自己的种植记录本。

活 动 二

（1）活动名称：豆芽长出来了。

（2）活动目标：

①能用语言大胆讲述自己的种植经验。

②知道用水培法种植豆芽的方法，了解豆芽生长的基本规律。

③萌发对种植活动的兴趣，体验种植的乐趣。

（3）材料解读：

①选择优质的绿豆或黄豆种子和适宜豆芽生长的水培器皿。

②种植活动适宜在班级阳台或幼儿园种植园地进行。

（4）材料构成：

①黄豆和绿豆种子，水培花盆，喷水壶，剪刀。

②植物生长记录表，笔。

（5）操作步骤：

①取适量的豆类种子，将其放在盆里用水浸泡至膨胀（见图6-36）。

图6-36 浸泡种子

②将种子倒入网格盘中，铺平，底盘加水至根部，进行水培种植（见图6-37）。

图6-37 栽种到水培器皿中

③观察到种子发芽后,每天用喷壶喷少量水,保证豆芽湿润(见图6-38)。

图6-38　给豆芽喷水

④豆芽长大后,可用剪刀将豆芽收割,也可继续观察豆芽生长(见图6-39)。

⑤用绘画、拍照或文字记录的方式记录豆芽的生长变化。

图6-39　绿豆苗长大了

(6)适宜年龄:4—5岁。

(7)错误控制:花盆大小与种子的数量相适宜。

(8)注意事项:

①教师要引导幼儿为豆芽定期换水,每天喷少量水。

②教师要引导幼儿在换水和浇水时注意对量的把握,避免干枯或浸泡过量的现象。

(9)变化延伸:

①可以引导幼儿进行其他种子(如小麦、萝卜、洋葱、土豆、玉米等)的水培种植。

②记录方式从简单直接的绘画形式,到相对复杂的图文并茂形式。

(8)注意事项：

①金鱼不知饥饱，喂食要本着"定时定量，宁饿勿饱"的原则。教师事先要跟幼儿一起了解金鱼的习性，一起制作金鱼饲养海报，列出饲养提示（如，每天在什么时间喂食、喂食多少量、一星期换几次水等）。

②根据金鱼的生活习性，不用每天给金鱼换水，2~3天换一次即可。

③幼儿在操作前，要先观察饲养海报，查看当天只需要喂食还是需要换水加喂食，完成照顾金鱼的任务。

(9)变化延伸：

①可以饲养其他小动物，如小乌龟、小兔子等。

②放假时可以由小朋友们认领小动物，带回家饲养和照顾。

第七章

基本区域

基本区域是幼儿园整体区域范畴中最为重要的一个领域，涉及幼儿园的基本教育内容，包括语言、数学、科学、社会、艺术等几个相对独立又紧密联系的领域的系统内容。在基本区域中，教师根据幼儿的年龄阶段和学习特点，将不同领域的学习内容物化为可以操作探索的活动材料，幼儿通过观察、比较、操作、实验、探究等一系列自主的活动，感受五大领域的丰富内容，体验探究学习的乐趣，以此增强热爱学习、乐于探索的情感态度和发现问题、分析问题、解决问题的能力，形成受益终身的学习态度和能力。

第一节 语言区

幼儿的语言能力是依照一定的方式和顺序，在一定时期里进行发展的。幼儿时期是幼儿语言发展最为迅速的时期，语言区为幼儿提供了丰富的语言教育环境，以听、说、读、写为活动线索，全面促进幼儿口头语言和书面语言的发展。

一、语言区内涵

《纲要》指出："幼儿的语言学习具有个别化的特点，教师与幼儿的个别交流、幼儿之间的自由交谈等，对幼儿语言的发展具有特殊意义。"幼儿园的语言区包含听、说、读、写四个基本部分。其中听、说部分的练习，需要教师通过创设情境来激发幼儿倾听与表达的愿望，鼓励幼儿大胆交流，不断丰富词汇，提高语言表达技巧。语言区中的阅读活动，以培养幼儿的阅读兴趣和良好的阅读习惯为主要目标，还有助于发展幼儿的想象力和理解能力，培养幼儿对文学作品的审美情趣。为了满足幼儿认读文字和书写的需要，语言区里提供了适宜的图片、文具等材料，以培养幼儿对文字的兴趣和对字体结

图7-1 语言区整体环境

构的观察能力,为识字、书写打下基础。(语言区整体环境如图7-1所示)

幼儿语言能力的发展是在与他人交往、主动运用语言的过程中完成的。教师应遵循幼儿学习语言的规律,以发展幼儿的听、说、读、写能力为基本线索,并依据由浅入深、由易到难、由简单到丰富的层次递进,把语言区的材料转化为幼儿可视听、跟读或操作的材料,让幼儿通过自主学习促进语言能力的发展。

二、不同年龄段幼儿语言能力的发展特征

语言是交流和思维的工具,是思考与学习的媒介,因此引导幼儿有效地学习语言、促进幼儿语言能力的发展,是幼儿园语言领域教育的重要目的。教师只有了解不同时期幼儿语言学习与发展的特点,挖掘出各年龄段幼儿语言发展对幼儿成长的价值,才能开发出不同层次的语言区活动材料,以此满足发展水平各异的幼儿学习语言的需求。

小班幼儿的思维发展具有动作性和具体形象性的特点,幼儿的语言学习主要依赖自身的生活经验及对某一事物的具体形象。因此教师在设计小班语言区材料时,主要围绕幼儿的生活,幼儿身边的人物、幼儿喜欢的动物为主,将幼儿已有的生活经验转化为直观、形象、富有童趣的可操作性材料。

中班幼儿的听说能力、语言表达能力、对语言方面的理解能力较小班幼儿有了明显的提高,但是其良好的倾听习惯、合作意识还没有形成。因此教师将中班语言区学习的目标定位为:以认识各种词语来丰富幼儿的词汇量,以同伴间的听说游戏来培养幼儿良好的倾听习惯等。

大班幼儿好学爱问、喜欢挑战性学习，其逻辑思维能力和分析问题的能力有了质的飞跃，其语言表达能力和对文学作品的理解能力也有了一定的经验基础。因此教师将大班幼儿的语言区教育目标定位为发展前阅读与前书写技能，活动区材料也以知识性内容为主。

幼儿园的语言区以《纲要》和《指南》为指导依据，以字、词、句、篇为具体内容，以听、说、读、写为活动方式，在小班、中班、大班三个年龄阶段形成了丰富的语言区活动材料体系，也体现出对不同年龄段的幼儿学习语言的不同要求，例如：在学习词汇方面，小班幼儿学习运用名词、动词、人称代词等，中班幼儿学习运用形容词、量词、副词等，大班幼儿则在掌握更多词汇的基础上学习运用转折词及连接词；在学习句子与篇章方面，小班幼儿倾向于学习好读易懂的童谣和儿歌，中班幼儿倾向于学习朗朗上口的五言绝句，大班幼儿则倾向于对七言律诗、对联、歇后语、寓言等内容的了解。不同时期的幼儿通过与材料的反复互动和探索，在个性化学习中获得语言能力的提升。

三、语言区目标

（一）区域总目标

①乐意与人交谈，讲话礼貌。
②注意倾听对方讲话，能理解日常用语。
③能清楚地说出自己想说的事。
④喜欢听故事、看图书。
⑤了解、感受中国传统特色语言。

（二）各年龄段目标

1. 3—4岁

①初步学习常见的交往语言和礼貌用语。
②安静地倾听，能听懂、理解简单的指令。
③愿意用完整的短句进行讲述。

④初步感受文学作品的语言美。

⑤喜欢看书，知道看书的基本方法；感受语言和其他符号的转换关系；萌发对文字的兴趣。

⑥喜欢古诗，感受古诗的韵律和节奏。

2. 4—5岁

①继续学习交往语言，提高语言交往能力。

②耐心地倾听，能听懂、理解多重指令。

③愿意用清楚、连贯的语言进行讲述。

④喜欢文学作品，进一步感受文学作品的美。

⑤懂得爱护图书，知道图书的构成；了解汉字的由来和简单的汉字认读规律；萌发主动探索文字的愿望。

⑥了解、感受民间歌谣和绕口令的韵律与节奏。

3. 5—6岁

①乐意运用交往语言，进一步提高语言交往水平。

②积极倾听，不断提高倾听能力，能迅速把握和理解较复杂的多重指令。

③愿意用较清楚、连贯、流畅的语言进行讲述。

④愿意欣赏文学作品，积累并尝试运用文学语言。

⑤拥有浓厚的阅读兴趣，知道图画书中的画面与文字的对应关系；积极辨认汉字，掌握正确的书写姿势和基本的书写技能。

⑥了解和感受成语、歇后语、颠倒歌、谚语等中国传统特色语言。

四、语言区环境创设

幼儿期的语言学习既是幼儿主动建构语言的过程，也是幼儿的语言逐步积累、循序渐进的发展过程。《指南》中指出，"幼儿的语言能力是在交流和运用的过程中发展起来的。应为幼儿创设自由、宽松的语言交往环境"。因此，良好的语言区环境对幼儿的语言学习意义深远，创设科学、适宜、宽松、和谐的语言区环境，可使幼儿在环境的影响下感受完整、真实的语言学习氛围，在自由、宽松的语言交往环境中达到想说、敢说、喜欢说的目标。为了保障幼儿在语言区的学习自主、有序和高效，教师在规划语言区环境时需要做到以下几点。

第一，应创设安静、独立的学习语言空间。在语言区环境的准备与创设过程中，教师从班级空间面积的大小和班级幼儿的人数、年龄特征、语言学习特点、个体需求等方面的因素充分考量，合理地规划出独立的、与其他区域隔断明显的语言区活动空间位置，保证幼儿在能够自主操作材料的空间中进行探究性学习。

第二，语言区应保障有充足的光源。幼儿的语言学习是以听、说、读、写能力为基本线索，是由浅入深、由易到难、由简单到丰富的过程，同时也是为幼儿前阅读、前书写做准备的过程。在语言区活动中，有些材料会涉及一些涂涂、画画、写写的记录单工作，这些记录单的工作需要在桌面上完成。适宜的光线能够让幼儿保持正确的坐姿、良好的视线，有效避免近视与不良的阅读书写习惯，因此柔和、充足的光源对保护幼儿的视力尤其重要。

第三，将阅读区打造为幼儿自主阅读的私密空间。阅读区作为语言区的一部分，不应该仅仅被定义为看书阅读的地方，而应该被定位为幼儿自由、放松、小憩息的私密场所。阅读区的空间不用太大，教师可以将阅读区选在班级安静的角落或者私密性比较强的地方，以温馨、舒适的环境为主，可以利用大块的地毯划分出区域范围，同时投放小沙发、茶几、靠枕、抱枕等物品，使幼儿置身于温馨、静谧的阅读氛围中，这样不仅能够增强幼儿阅读的主动性，还能够使阅读区成为每个幼儿都向往的场所。这样的阅读区能够在最大程度上发挥教育的功能。

五、语言区活动框架

语言区的材料是教师基于《纲要》和《指南》的精神,以及幼儿园课程整体目标中对幼儿语言能力发展的要求,根据幼儿的发展需要,以真实生活为原型,为幼儿提供的游戏化、情境化、活动化的系列材料,幼儿通过与材料互动,在直接感知与亲身探索中获得语言能力方面的提升。表7-1为幼儿园小、中、大班语言区活动框架。

表7-1 语言区活动框架

班级 序号	小班	中班	大班
1	印章装饰文字	画笔装饰文字	扎文字
2	皱纹纸装饰文字	即时贴装饰文字	拓印文字笔画
3	量词	祝福语	偏旁花
4	《我的一家》小书	反义词	笔画小书
5	春之书	形容词	书法
6	看图说动词	词语接龙	猜字游戏
7	小动物喜欢吃……	学说你我他	文字的演变
8	动物的家	《西游记》人物小书	成语
9	小美食家	听音找方位	关联词说话
10	好看的房子	组成一句话	夏天到
11	我爱妈妈	小动物在干什么	歇后语
12	小猪变干净了	看一看,说一说	司马光砸缸
13	古诗《咏鹅》	《拔萝卜》小书	井底之蛙
14	诗歌《小小的船》	指偶小剧场	壁虎借尾巴
15	竹筒绕口令	绕口令	猜谜语

（续表）

班级序号	小班	中班	大班
16	蝴蝶找花	古诗《静夜思》	贴对联
17	……	……	中华四艺——琴棋书画
18	……	……	欣赏古诗三首

六、语言区活动实例

本书中仅选取少数案例，其他案例详见"幼儿园区域活动材料丛书"中的《幼儿园语言区材料设计与评价》一书。

（一）活动设计背景

随着生活范围的扩大，幼儿与周围的人产生基本的交流，他们能够理解并运用日常生活中的基本用语，拥有交流和表达的欲望。但是，他们运用的词汇还非常有限，限制了其语言表达。在发展幼儿词汇的活动材料中，我们针对幼儿的已有经验，在材料设计上提出递进性的要求，先从名词开始，然后是动词、形容词，先找出最贴近幼儿生活经验的词汇内容，再不断扩展。当幼儿了解了基本词性后，我们将不同的词性进行相互组合、连接，设计了"相反国""形容词花朵"等系列活动。幼儿通过探究材料，以及听、说、读等多种形式，学说反义词、形容词，玩词语接龙游戏、感受成语的含义等，不仅扩大了词汇量，而且学会了在生活中灵活运用词语。

（二）语言区活动案例

活 动 一

（1）活动名称：蝴蝶找花。

（2）活动目标：

①在操作中提高观察能力及小肌肉动作的控制能力。

②认识与"颜色"有关的字，理解其含义。

③乐意操作材料,体验辨识文字的乐趣。

(3) 材料解读:

①不同颜色的花朵名片夹,对应不同花朵颜色的蝴蝶图片,图片的中间有相应颜色的字。

②蝴蝶找花的情景,能吸引幼儿主动探索,在游戏中学习。

图7-2　材料构成

(4) 材料构成(见图7-2):

①红色、黄色、蓝色三种颜色的名片夹,三种颜色的蝴蝶图片(蝴蝶身上有相对应的颜色文字),彩色铅笔,记录单。

②藤编框,盒子。

(5) 操作步骤:

①逐一取出不同颜色的花朵名片夹观察并摆放好。

②取出蝴蝶的图片,观察蝴蝶的颜色及蝴蝶身上的文字。

图7-3　蝴蝶与花的颜色对应

③按小蝴蝶上的字找到对应颜色的花朵,放在花朵名片夹的前面(见图7-3)。

④将蝴蝶夹在与其颜色相同的花朵名片夹上（见图7-4）。

图7-4　将蝴蝶夹在花上

⑤根据操作结果点读。如：红蝴蝶、红花（见图7-5）。

图7-5　点读"颜色"的文字

（6）适宜年龄：3—4岁。

（7）错误控制：蝴蝶的颜色和花的颜色是一样的，蝴蝶图片的下面有黑色的小点点，教师要引导幼儿用花朵夹小点点的部位，防止幼儿在操作中将文字反转。

（8）注意事项：

①教师要提醒幼儿，需要为每只蝴蝶找一朵花。

②幼儿要知道花朵名片夹的使用方法，能把蝴蝶卡片夹在花朵名片夹上，并会取下蝴蝶卡片。

（9）变化延伸：

①幼儿在生活区已有认识蝴蝶和花朵的经验。

②可增加难度，加入其他的颜色，引导幼儿认读更多有关"颜色"的文字。

活 动 二

（1）活动名称：祝福语。

（2）活动目标：

①在与同伴的对话中提高语言的表达和运用能力。

②了解常用的祝福语，并能正确使用。

③乐意向周围的人表达祝福，体验与人交往的快乐。

（3）材料解读：

①选用立体形象的人物模型，模仿与人面对面说祝福语的场景。

②祝福语卡片图上加文字的形式，有助于幼儿理解祝福语的意思；加入中式边框装饰，可增强节日气氛；背部用回形针立起来，便于幼儿观察与操作。

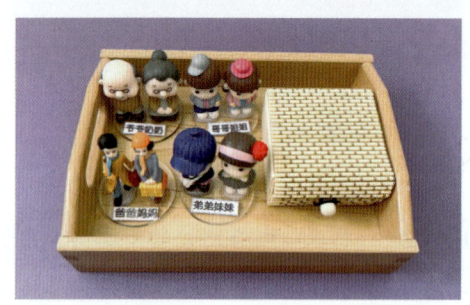

图7-6 材料构成

（4）材料构成（见图7-6）：

①爷爷奶奶、爸爸妈妈、哥哥姐姐、弟弟妹妹4组人物模型，4张祝福语卡片，胶水，剪刀，记录单。

②托盘，装卡片的小盒子。

图7-7 取出人物模型观察

（5）操作步骤：

①将人物模型逐一取出观察，说说人物的称呼，然后将其整齐地摆放在地毯上（见图7-7）。

②将祝福语卡片从盒子中取出，认读后散放在地毯上。

第七章 基本区域

③拿起"健康长寿"的祝福语卡片,放在爷爷奶奶人物模型前面,并说一说:"祝爷爷奶奶健康长寿!"(见图7-8)。

图7-8 放祝福语卡片

④按此方法将每张祝福语卡片放在适宜的人物模型前面,说一说祝福语。

⑤对照操作材料完成记录单(见图7-9)。

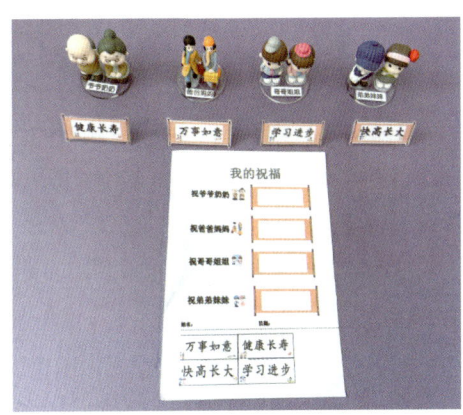

图7-9 完成记录单

(6)适宜年龄:4—5岁。

(7)错误控制:祝福语卡片的左下角有对应人物模型的图片。

(8)注意事项:

①教师要提示幼儿铁丝夹的使用方法。

②幼儿完成活动后,教师可引导他们读一读、认一认,了解幼儿的活动情况。

(9)变化延伸:可变化为各种场景(如生病时、出门旅游时、考试时、结婚时等)的祝福语,拓展幼儿的知识面及增加语言的积累。

活 动 三

（1）活动名称：中华四艺——琴棋书画。

（2）活动目标：

①提高对古诗的欣赏和理解能力。

②了解中华传统文化中的四艺内容，以及相关的诗句。

③感受中华传统文化中的四艺，萌发对中华传统文化的热爱之情。

（3）材料解读：

①选用琴棋书画惟妙惟肖的模型，让幼儿直观认识文人四艺。

②在古诗中选择跟四艺有关的一句诗，加深幼儿对琴棋书画的理解。

图7-10 材料构成

（4）材料构成（见图7-10）：

①参照小书，琴棋书画树脂模型1套、字卡4张、古诗卡4张、名片夹底座4个，记录单，胶水，剪刀。

②木托盘，小竹筐。

图7-11 逐页翻看小书

（5）操作步骤：

①取出《中华四艺》小书，翻看小书，初步了解四艺内容（见图7-11）。

②取出琴棋书画模型，仔细观察后，参照小书上的顺序将其摆放在地毯上。

③取出字卡座，认读字卡，对照小书，将字卡放在对应的模型后面（见图7-12）。

图7-12　对照小书摆放材料

④取出诗句卡，认读和理解诗句，对照小书，将诗句卡放在对应的模型前面，并指读文字和诗句（见图7-13）。

图7-13　指读诗句

⑤对照操作材料，完成记录单，并再读一遍。

（6）适宜年龄：5—6岁。

（7）错误控制：

①琴棋书画文字和诗句对应的边框颜色相同。

②字卡上有对应的琴棋书画图片指引，诗句卡上有诗句内容的图片。

（8）注意事项：

①操作时按琴、棋、书、画的顺序摆放。

②引导幼儿观察诗句中的图片，通过图片进一步理解诗句的含义。

（9）变化延伸：可以拓展了解有关此方面的中华传统文化内容，如花中四君子——梅兰竹菊等。

第二节 数学区

数学区是教师根据幼儿园的教育目标和幼儿的数学发展水平所创设的活动区域。教师通过有目的地投放数学活动材料，使幼儿按照自己的意愿和能力进行操作摆弄，进行个别化自主学习的活动。幼儿拥有具体形象性思维，在数学领域中，直接感知、亲身体验和实际操作对幼儿的数学认知具有重要意义。数学区材料具有明确的目标线索，富有层次性和趣味性，在数学区操作材料不仅能够激发幼儿对数学学习的兴趣，还能帮助幼儿掌握一定的学习方法。

一、数学区内涵

《纲要》明确指出，要"引导幼儿对周围环境中的数、量、形、时间和空间等现象产生兴趣，建构初步的数概念，并学习用简单的数学方法解决生活和游戏中某些简单的问题"。

数学区的活动目标和层次要求相对于数学集体教学来说更为宽泛、更加长远，它以培养幼儿喜欢数学的情感、态度，引导幼儿初步掌握学习数学的方法，感受事物的数量关系并体验数学的重要性和趣味性，提高探索和解决问题的能力为主要目标。数学区材料所体现出的知识点，涵盖了幼儿阶段数学领域学习的基本内容，其中包括有关数学的感知、体验和态度，数、量和数量关系，形状和空间概念。教师通过在数学区为幼儿提供大量具体、可操作的材料，把抽象知识具体化，培养幼儿对数学的直观认识和学习兴趣。教师要允许幼儿按照自己的学习方式、学习节奏去操作实践，通过主动探究去发现新知识，巩固已有的旧知识并将其运用于生活实践中。在此基础上，教师还应根据幼儿的实际发展水平和需要，增加更多具有生活化特点、富有趣味性的材料以作为补充，帮助幼儿感知生活中的数学，培养幼儿的数学思维，促进幼儿智力的发展。教师在数学区对幼儿的指导要适度，要多给予幼儿鼓励、启发、挑战、暗示，尽量让幼儿自己去发现和探索。（数学区整体环境如图7-14所示）

图7-14　数学区整体环境

二、不同年龄段幼儿数学能力的发展特征

在数学区里，幼儿在与材料的互动中建构对数学概念的认知，提升逻辑思维能力。教师在为幼儿提供数学区操作材料时应符合《指南》中所提出的"充分理解和尊重幼儿发展进程中的个别差异，支持和引导他们从原有水平向更高水平发展"这一要求。

数学区材料的投放，需要考虑幼儿的能力水平、个体差异及生活经验，还应该体现数学自身的知识体系对幼儿思维产生的促进作用。受前期数学经验、学习方式、学习速度等各方面的影响，小、中、大班幼儿的数学思维能力不仅在年龄上存在个体差异，同一年龄段的幼儿也各不相同。

教师在设计小班数学区材料时，注重与尊重了幼儿具体形象思维的特点，所设计的操作材料都与幼儿的生活经验息息相关，大部分材料的载体以水果、动物为主，可帮助幼儿更直观地感知生活中数学的有用和有趣。

中班是幼儿具体形象思维向抽象逻辑思维过渡的时期，此阶段数学区的目标也由"培养对数学的兴趣"（小班阶段）逐步过渡到"形成数概念并发现生活中的数学现象"。因此，教师在设计数学区的材料时，要保留一小部分与生活经验相关的材料，同时投放部分涉及数、量、形等单纯数学学科知识方面的材料。

大班幼儿的专注力和探索能力有了较大的提高，任务意识已初步形成，因此大班幼儿数学区的目标以培养抽象逻辑思维、运用已有的数学知识经验解决生活中的问题为主。基于幼小衔接的需要，教师在数学区添加了书写数字、人民币换算、数的合成与分解等诸多内容，通过为幼儿提供大量具体、可操作的材料，把抽象的知识具体化，培养幼儿对数学的直观认识和学习兴趣，促进幼儿认知能力的发展。

三、数学区目标

（一）区域总目标

能从生活和游戏中感受事物的数量关系并体验到数学的重要性和趣味性。

（二）各年龄段目标

1. 3—4岁

①感知数字1—10的形状。

②关心周围环境中物体的数量及数量关系。

③关心周围环境的物体形状，喜欢运用各种几何体进行拼搭和建造活动。

④学习比较大小、长短。

2. 4—5岁

①正确认读数字1—10。

②认识10以内的数。

③在进行分类记数的活动中，根据物体的特征，观察、体验同一事物中所包含的不同数量关系。

④认识常见的平面和立体的几何图形。

⑤学习比较高矮、粗细、厚薄、轻重、宽窄等。

3. 5—6岁

①学习书写数字1—10。

②学习10以内的加减。

③运用观察、分析、比较、类推和迁移等方法进行数的学习,解决简单的加减运算问题;归纳和概括物体的数量关系及数的运算经验。

④观察、比较几何图形之间的相同点和不同点,概括同类图形的共同特征,区分不同图形之间的差别。

⑤体验平面图形之间、平面图形与立体图形之间的关系,促进空间想象力的发展。

⑥学习等分实物或图形,体验整体与部分的关系。

⑦学习自然测量,感受量的守恒。

四、数学区环境创设

数学区是教师有计划、有目的地对幼儿单独实施数学教育的区域,数学区的活动有别于幼儿园数学集体教学及小组活动,数学区为不同学习能力的幼儿提供了充足的学习数学的时间和空间,促使幼儿应用数学经验解决实际生活中存在的问题。数学区活动是幼儿按照自己的意愿和能力进行个别化自主学习的过程。

为了保证幼儿思考的完整性,每一个班级的活动室都会开辟出专门的数学区。教师在规划数学区环境时应该考虑以下几个方面。

第一,注重整体规划,尊重幼儿的年龄特征。数学区的活动内容都需要幼儿动脑筋思考、动手感知探索,对幼儿来说,安静的学习环境尤为重要。因此,数学区应尽量远离喧哗的艺术区或生活区,可以与相对安静的科学区、感官区为邻。幼儿在学习数学时存在着学习经验、学习方式、学习速度等个体差异,在整体规划区域的同时,教师还应该充分考虑不同年龄段幼儿的注意力时长,尽量将环境围合起来,避免区域间的相互干扰。

第二，结合环境特点，提供自主学习条件。 为了让数学区的每一份操作材料都能够体现趣味性与可操作性，在数学区每一个装材料的托盘里都会有各种让幼儿用来操作的载体。为了让每一个幼儿拥有各自的学习空间，避免在操作时混淆彼此的材料，教师在创设数学区环境时，需要购置一些方便收纳的计算机小桌或者操作毯，并提供给幼儿作为工作台使用，而这些桌子和地毯都需要有固定的位置、有明显的摆放标记，这样可以确保幼儿在自己的空间里独立思考、主动学习。

第三，保证学习高效，环境实现宽松自主。 数学学科本身具有较强的逻辑性和层次性，枯燥的数学概念对幼儿来说实在难以理解，幼儿园的数学活动需要靠兴趣和个体需要来维持。教师应该创设宽松、自主的学习环境，将数学领域中抽象枯燥的概念转换为具体、生动、形象、富含游戏性的可操作性材料。当幼儿面对这些极具生活特征、好玩可玩的活动材料时，会产生想玩、乐玩的探究愿望，在轻松快乐的氛围中按照自己的意愿和能力选择材料与之进行互动，幼儿在与材料的互动中建构起数概念知识，实现深层次的主动学习。

五、数学区活动框架

数学区的材料是教师基于《纲要》和《指南》的精神，以及幼儿园课程整体目标中对幼儿数学能力发展的要求，根据幼儿的发展需要，以真实生活为原型，为幼儿提供的游戏化、情境化、活动化的系列材料，幼儿通过与材料的互动，在直接感知与亲身探索中获得数学能力方面的提升。表7-2为幼儿园小、中、大班数学区活动框架。

表 7-2　数学区活动框架

班级序号	小班	中班	大班
1	小苹果	按规律排序	描写数字
2	插花	小鱼比一比	彩色串珠10的合成
3	水果找点点	个位小书	加法花
4	砂纸数字	晾衣服	加法板
5	草莓点点	数字与鸭子	塞根板1
6	母鸡下蛋	电影座位	塞根板2
7	数字小屋	给动物送信	邮票游戏加法
8	苹果树	50板小车	红蓝棒10的分解
9	毛毛虫	摇摇乐	分杯子
10	月亮船	图形摆珠	数数架减法
11	蛇形拼图	钓一钓	蛇形游戏
12	分橘子	瓢虫飞	点的游戏
13	彩色串珠	青蛙跳	银行游戏除法
14	量量对应	加法珠	应用题
15	造房子	神秘数字	量一量
16	给动物送信	个位、十位和百位	超市购物

六、数学区活动实例

本书中仅选取少数案例，其他案例详见"幼儿园区域活动材料丛书"中的《幼儿园数学区材料设计与评价》一书。

（一）活动设计背景

数学区的材料对发展幼儿的数学智能起着关键作用。教师在设计材料时主要围绕量与量的关系，数与量的对应关系，物体的大小、高矮、粗细、长短等比较和排序关系，数的顺序及守恒的相关内容。教师在数学区为幼儿提供多元化的操作材料，帮助幼儿理解数学概念之间的关系、积累相应的知识经验，从而促进幼儿的观察、比较及逻辑思维能力的发展。

（二）数学区活动案例

活 动 一

（1）活动名称：分橘子。

（2）活动目标：

①乐意探索操作材料，发现材料数量之间的变化与不同。

②感知5以内的量，掌握量与量的对应。

③能手口一致地点数，说出总数并排序。

（3）材料解读：

①选用藤编筐和仿真橘子作为载体，使材料更加情景化。

②藤编筐上分别贴了画有1—5个小朋友的图片，方便幼儿进行点数以及学习小朋友与橘子数量之间的对应。

（4）材料构成（见图7-15）：

①贴有1—5个小朋友数量图片的藤编筐5个，小橘子玩具15个。

②小竹筐，托盘。

图7-15　材料构成

第七章 基本区域

（5）操作步骤：

①取出藤编筐和装有小橘子的盒子。

②逐一点数藤编筐上面图片中小朋友的数量（见图7-16），按1—5排序。

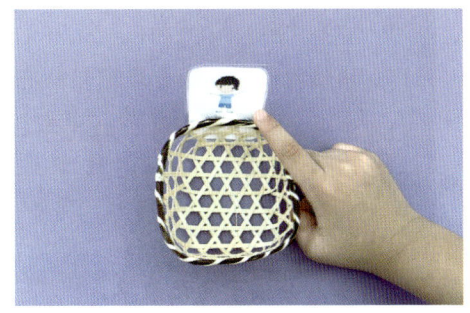

图7-16 点数图片中小朋友的数量

③按照图片中小朋友的数量，点数出相应数量的橘子，放在藤编筐右边（见图7-17）。

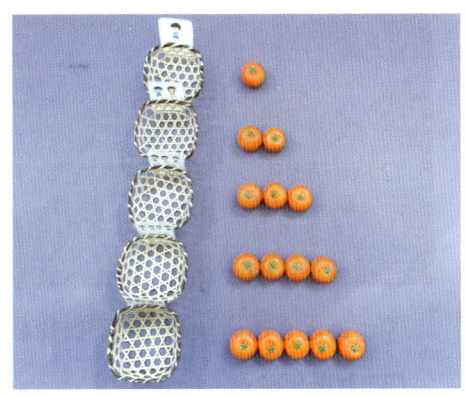

图7-17 按量摆放橘子

④再次点数小朋友的数量和橘子的数量，检查是否一致，然后将橘子放入藤编筐中（图7-18）。

图7-18 点数后放入藤编筐中

（8）注意事项：教师要注意引导两名幼儿每次抽出1张数字卡，按数取量，比较数字的大小，并用">""=""<"表示，两人合作完成操作。

（9）变化延伸：在幼儿已掌握数字与数量的匹配关系后，可以直接过渡到"数字比大小"的学习，提升经验。

活 动 三

（1）活动名称：超市购物。

（2）活动目标：

①积极参与数学活动，感受人民币与生活的密切关系。

②认识人民币1元、5元、10元，并尝试换算。

③培养观察力、判断力和动手操作能力。

（3）材料解读：

①6种仿真水果和迷你小购物车等可模仿超市购物场景。

②用木制盒子做超市的货架，设计可拆卸的价格牌，幼儿可以自己摆放、定价格。

图7-23 材料构成

（4）材料构成（见图7-23）：

①6格木质货架1个，价格牌6张，仿真水果6种（每种4个），迷你购物车1个，仿真小尺寸纸币1元20张、5元10张、10元5张，购物单5张，记录单，笔。

②托盘，透明盒子。

（5）操作步骤：

①取出货架，将6种水果分类摆在货架中，将价格牌随机插在每种水果旁边。

②选择一张购物单,取出迷你购物车,按购物清单到货架上取水果,并把水果放进购物车(见图7-24)。

图7-24 按购物单取水果

③从购物车中拿出水果,将每种水果摆放整齐,按购买的水果价格摆放1元纸币,再相加算出总数,看一共有多少张1元仿真纸币(见图7-25)。

图7-25 以1元面值算价格

④根据1元的数量,进行简单的人民币换算(如:10张1元＝1张10元),将换算结果写在记录单中(见图7-26)。

⑤将购物单翻面,核对记录单答案。

(6)适宜年龄:5—6岁。

(7)错误控制:购物单的背面有正确的价格和换算答案。

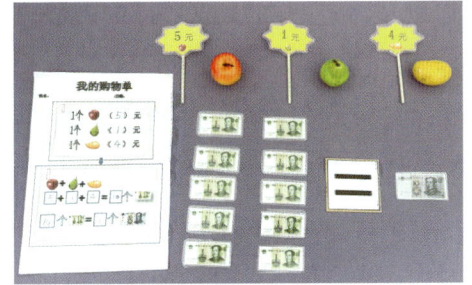

图7-26 进行换算并记录

（8）注意事项：

①幼儿在认识各种面值人民币的基础上才能开始尝试人民币的换算，教师要引导幼儿按操作步骤耐心地完成活动，从而体验成就感。

②教师要注意引导幼儿在操作中掌握人民币之间的换算关系。

（9）变化延伸：

①可更换购买的物品，增加新鲜感，吸引幼儿不断探索。

②购物清单上的物品种类和数量可以从少到多，从而不断增加难度和挑战性。

第三节　科学区

幼儿园的科学区为幼儿创设了自然宽松的科学探究氛围，提供了适宜的材料和探究工具，尊重幼儿的好奇心，引导幼儿勇于尝试和挑战，培养幼儿的科学情感、态度，促进幼儿的认知发展，帮助幼儿建立初步的科学探究能力。

一、科学区内涵

幼儿富有极强的好奇心和探究欲望，他们对蕴含在自然界当中的各种事物和现象有很强的好奇心，希望通过自己的探究和发现，认识和了解客观世界。幼儿园科学区的活动内容丰富多彩，活动形式也灵活多样，教师应当选择贴近幼儿生活和幼儿特别感兴趣的探究内容，为幼儿提供安全的操作环境和具有支持性的心理氛围，鼓励幼儿探究自己、探究外界，了解物体和材料的物理特性、相互关系和有趣的科学现象。科学区材料涉及对身体的认识、对大自然的认识，了解自然现象的形成、观察日月形象的变化，学习动植物的分类、观察动物的生活习性等内容。科学区还提供了用于科学观察、测量和分类的材料，为幼儿提供适宜的工具，支持幼儿使用工具进行探究活动，鼓励幼儿进行科学实验，如神奇的颜色变化、物理溶解现象、虹吸现象、灯泡发亮的小实验等。幼儿可通过观察自然生命现象及参与科学探索活动来获取直接经验。在科学区的活动中，幼儿能够按自己的兴趣、需要、方式去了解科学常识，这种自主探究活动是对科学集体教学活动的有益补充。（科学区整体环境如图7-27所示）

图7-27　科学区整体环境

二、不同年龄段幼儿科学能力的发展特征

幼儿园的科学区是依据《纲要》和《指南》等纲领性文件中针对科学领域提出的教育要求而设置的活动区域，是幼儿园科学教育活动开展的重要途径。在科学区，教师围绕科学领域总目标，选择贴近幼儿生活和幼儿特别感兴趣的探究内容，设计、制作出各类有助于实现教育目标的可操作性材料。

教师以幼儿的兴趣和需要为出发点，以幼儿的主动探究为核心，在设置科学区的内容时，主要围绕对自己身体的认识、对动植物的认识、对自然界中事物和现象的认识、科学小实验等四个方面。不同年龄段的幼儿通过观察、操作、探究各种具有挑战性的材料，从中获得科学知识方面的经验，同时让他们的好奇心与探索欲望得到满足。

小班科学区以激发初入园的幼儿对科学区产生探究兴趣为主。在设计小班科学区活动时，教师会关注幼儿的年龄特点、兴趣爱好及认知基础。如，小班幼儿面对自己喜欢的小动物总会提出各种问题，教师为了保护幼儿的好奇心与探究欲望，将小班的科学区目标定位为"寻找科学的乐趣"，从幼儿身边看得到、摸得着的蔬菜、水果、小动物着手，将科学区的内容游戏化，将仿真的瓜果、动物等操作材料融入一些真实的场景中，让幼儿在游戏中感受科学活动的乐趣。

中班幼儿的动手能力与科学知识经验不断增长，中班科学区的教育目标以幼儿主动发现生活中的科学现象、了解周围的科学知识为主。在中班科学区的内容中，教师有意识地融入了一些科学实验方面的材料（如光影、声电、沉浮游戏等相关材料），让幼儿在习得更多科学知识的基础上，在实验中主动"发现科学的奥秘"，初步形成良好的学习品质。

随着对未知世界探索的欲望不断增强，大班幼儿的逻辑思维能力、学习主动性、专注力、探究能力都有了大幅度的提升。基于大班幼儿的发展特点，大班科学区材料以问题为导向、以动手操作为核心，在内容的深度和广度上都涉及更为宽泛的科学领域（如食物链、生态链、显微镜、火星与地球等）。大班幼儿在"探索科学的世界"的过程中，通过探索与研究材料，充分挖掘自身的学习潜能，培养学习品质，获得科学核心经验。

三、科学区目标

（一）区域总目标

①对周围的事物、现象感兴趣，有好奇心和求知欲。
②能用适当的方式表达、交流探索的过程和结果。

（二）各年龄段目标

1. 3—4岁

①观察周围自然现象的明显特征，并获取粗浅的科学经验。
②观察日常生活中各种物品的特征及用途。
③学习运用各种感官感知的方法，发展感知能力；学会根据一个或两个特征从一组物体中挑选出物体，归入一类，并能用自己的方式表达探索的结果。

2. 4—5岁

①了解四季的特征及其与人们生活的关系，观察简单的理化现象，获取

感性经验。

②了解周围生活中的某些科技产品及其与人们的关系。

③综合运用多种感官感知事物的特征，发展观察力；学会按照指定的标准对物体进行简单的分类；能用各种手段表达、交流科学探索活动的过程和发现。

3. 5—6岁

①获得有关季节与人类、动植物、环境等关系的感性经验，形成春、夏、秋、冬四季的初步概念；探索周围生活中常见的理化现象，获取有关的科学经验。

②了解现代社会生活中的科学技术产品及其对人类的影响，萌发对科学的兴趣和对科学家的崇敬之情。

③主动运用多种感官观察事物，学习观察的方法，发展观察力；能按照自己规定的不同标准对事物进行分类；能用多种手段表达、交流科学探索活动中的发现、获得的经验和遇到的问题，以及探索的过程与方法。

四、科学区环境创设

《指南》中提出："幼儿科学学习的核心是激发探究兴趣，体验探究过程，发展初步的探究能力。成人要善于发现和保护幼儿的好奇心，充分利用自然和实际生活机会，引导幼儿通过观察、比较、操作、实验等方法，学习发现问题、分析问题和解决问题；帮助幼儿不断积累经验，并运用于新的学习活动，形成受益终身的学习态度和能力。"科学区环境作为不可替代的教育资源承担着非常重要的作用，幼儿通过有准备的环境与环境中丰富的材料，探究自己、探究外界，了解物体和材料的物理特性、相互关系和有关的科学现象。

科学区环境不仅要体现生活性和趣味性，还要体现出开放性和安全性。在创设科学区环境时，教师应注意以下几点。

第一，应该提供便捷、安全的操作空间。众所周知，幼儿的思维以具体形象思维为主，幼儿认识事物的过程以直观行动为主，在幼儿园科学区活动中，幼儿主要通过探索操作材料而获得相关的科学经验。因此，科学区的操作空间应该是便捷和安全的。便捷性是指在科学区为幼儿提供随手可取的实验操作材料、随时可查的图书资料；安全性则指材料的安全、实验场地的安全及用水用电的安全。安全的操作环境能给予幼儿支持性的心理氛围，便捷安全的空间规划能够有效提高幼儿学习的效率。

第二，注重室内外不同空间的融合。 适宜的环境可引发幼儿的科学探索兴趣，更能使其产生好奇心与探索行为。而活动室里科学区的空间毕竟有限，有些班级设置的科学区涉及声音、光电、皮影、日照实验、沉浮游戏等内容，需要其他场地的支持。教师可以把活动室外面相对安静的走廊、光线好的阳台、有水源的洗手池等活动场地利用起来，灵活创建和调整活动场地，实现室内外空间的融合。

第三，提供合作探索的开放空间。 为了主动调动幼儿在科学领域学习的积极性、主动性和创造性，教师经常会选择贴近幼儿生活和幼儿特别感兴趣的探究内容，开发出适宜幼儿合作的科学区探究性操作材料，同时，在科学区的空间里为其提供固定的区域或者工作台供其操作各种实验材料，让他们在探究科学的过程中享受成功的乐趣。

五、科学区活动框架

科学区的材料是教师基于《纲要》和《指南》的精神，以及幼儿园课程整体目标中对幼儿科学领域能力发展的要求，根据幼儿的发展需要，以真实生活为原型，为幼儿提供的游戏化、情境化、活动化的系列材料，幼儿通过与材料的互动，在直接感知与亲身探索中获得科学能力方面的提升。表7-3为幼儿园小、中、大班科学区活动框架。

表7-3 科学区活动框架

班级序号	小班	中班	大班
1	水果和蔬菜	树的嵌板	美丽的叶子
2	动物的尾巴	果蔬的切面	十二个月开的花
3	找影子	玉米的生长	种子生长
4	动物的脚印	鸟的嵌板	显微镜下的秘密
5	小动物长大了	家畜和野兽	害虫和益虫
6	我的身体	小动物过冬	动物的食物
7	我的五官	海龟的一生	食物链
8	手指宝宝	指纹档案	胎生和卵生
9	沉浮游戏	爱护牙齿	我们的眼球
10	透光小实验	食物的旅行	人体骨骼
11	好玩的磁铁	人的一生	人体内脏
12	会游泳的蛋	蜡烛熄灭了	我的血型
13		灯泡发亮	健康饮食金字塔
14		水的浮力	我在妈妈的肚子里
15		纸桥实验	有趣的天平秤
16		笼中的小鸟	彩虹水
17		水中花开	水的酸碱
18			气体的产生
19			纸筒的承重力
20			磁性小铁环

六、科学区活动实例

本书中仅选取少数案例,其他案例详见"幼儿园区域活动材料丛书"中的《幼儿园科学区材料设计与评价》一书。

(一)活动设计背景

每个幼儿都是天生的"科学家"和"探索者",他们的小脑袋里藏着无数个"为什么"。教师和家长面对幼儿因好奇心而提出的问题时,首先应该做到的是尊重儿童的发现,保护他们的好奇心,然后用有效的手段正确引导幼儿,激发他们探究科学知识的欲望,鼓励他们积极探索,不断创造。科学区的活动内容正是以幼儿的思维特点为依据来设置的。科学区内容以植物为起点,到认识大自然中的动物,再到人体结构探究及生活中的科学小实验,这种内容方式的呈现可以让幼儿在活动中更好地选择适合自己的活动材料,也可以让教师更好地观察与判断幼儿在科学领域的发展情况。

(二)科学区活动案例

活 动 一

(1)活动名称:动物的脚印。

(2)活动目标:

①培养细致的观察能力。

②通过观察与操作,了解不同动物脚印的特点。

③乐于参与操作活动,萌发对科学探索活动的兴趣。

(3)材料解读:

①投入《动物脚印》小书,让幼儿对常见动物的脚印有一定的了解。

②配有动物脚印卡片、动物模型,让幼儿从不同的维度观察动物的脚印。

第七章 基本区域

(4) 材料构成（见图7-28）：

① 动物脚印卡片5张，动物图片5张，动物模型5个，《动物脚印》小书。

② 托盘、碟子。

图7-28 材料构成

(5) 操作步骤：

① 拿出《动物脚印》小书，翻看小书，了解动物有自己的脚印（见图7-29）。

图7-29 翻看脚印小书

② 逐一取出动物模型，观察动物的脚的形状，并将动物模型摆成一排（见图7-30）。

图7-30 观察动物的脚

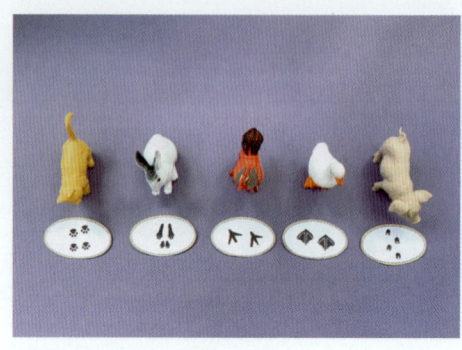

③取出动物图片和动物脚印卡片,将动物图片和动物脚印卡片对应,放在相应的动物模型旁边(见图7-31)。

④完成后,再次观察各种动物的脚印。

图7-31 找出动物脚印

(6)适宜年龄:3—4岁。

(7)错误控制:动物图片和动物脚印卡片反面有相同的脚印图案。

(8)注意事项:

①教师可引导幼儿简单说一说几种动物的脚印特点,培养幼儿细致的观察能力。

②在幼儿完成操作后,教师可引导幼儿将动物脚印卡片翻到反面,检查是否摆放正确。

(9)变化延伸:

①可以加入更多的动物,增加幼儿对动物脚印的了解。

②可加入记录单,用动物模型印脚印的方式完成,加深幼儿对动物脚印的认知,增强操作的趣味性。

活 动 二

(1)活动名称:水中花开。

(2)活动目标:

①在实验中提高动手操作能力。

②探索纸在水中的渗透与变化,初步了解毛细现象。

③在与同伴分享实验成果中感受成功的乐趣。

（3）材料解读：

教师准备纸花，准备的纸花不要太大，每个花瓣的大小要尽量一样，可选择报纸、宣纸、画纸、卡纸等不同材质的纸花，让幼儿探索。

（4）材料构成（见图7-32）：

①大碟子1个，量杯1个，3种不同材质的纸花若干，实验步骤图，画笔，抹布。

②托盘，笔筒，小竹筐。

图7-32　材料构成

（5）操作步骤：

①取出实验步骤图，了解"水中开花"的实验步骤。

②根据实验步骤图，拿出大碟子，将水倒入大碟子中（见图7-33）。

图7-33　往大碟子中倒入清水

③选择一种纸花，观察花的材质，用画笔装饰（见图7-34）。

图7-34　给纸花涂色

④按顺序将装饰好的纸花花瓣折叠,轻轻放在大碟子的水面上,观察纸花的变化(见图7-35)。

图7-35 将花放在水面上

⑤重复以上步骤,选择不同材质的纸花实验,探索不同类型的纸在水中渗透的速度,探索毛细现象。

(6)适宜年龄:4—5岁。

(7)错误控制:幼儿可参照实验步骤图;量杯上面画有标记,教师可引导幼儿按量盛水。

(8)注意事项:

①教师要引导幼儿在操作中先看懂实验步骤图。

②当幼儿完成实验后,教师可进行适当的讲解,让幼儿明白实验的原理。

(9)变化延伸:可同伴之间合作,比较不同材质的纸花开放的速度快慢,并统计结果。

活 动 三

(1)活动名称:磁性小铁环。

(2)活动目标:

①在实验过程中提高观察能力和自主探究能力。

②了解磁铁的特性,在实验中探索磁铁的磁化现象。

③敢于动手操作,萌发探索磁铁的兴趣。

(3) 材料解读：

①选用U形磁铁，绑在有抓手的篮子上，给幼儿留出充分的实验空间。

②运用小镊子夹吊环以做磁力实验，方便幼儿观察实验过程，并锻炼幼儿的耐心和动手能力。

(4) 材料构成（见图7-36）：

①有抓手的小篮子1个，U形磁铁1块，小铁环若干，小镊子1把，铅笔，记录单。

②小碗，托盘。

图7-36 材料构成

(5) 操作步骤：

①取出绑有U形磁铁的小篮子、小铁环和小镊子（见图7-37）并观察。

②用小镊子夹起一个小铁环，吸在U形磁铁上。

③继续夹起一个小铁环，吸在上一个铁环下面。

图7-37 取出材料并观察

④重复上面的操作，探索U形磁铁可以磁化多少铁环（见图7-38）。

图7-38 磁性实验探索

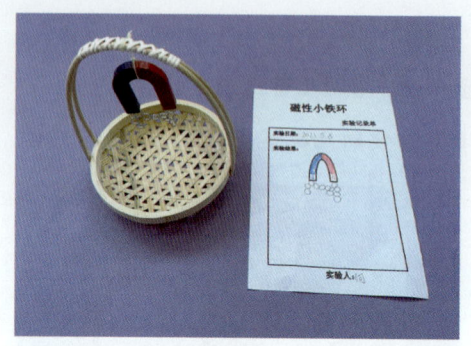

⑤记录实验结果,完成记录单(见图7-39)。

图7-39 记录实验结果

(6) 适宜年龄:5—6岁。

(7) 错误控制:铁环磁化后能吸在一起。

(8) 注意事项:

①在幼儿操作这份材料之前,教师要确保幼儿对磁铁已有相关的认识经验,知道磁铁的磁极和特性。

②教师要引导幼儿耐心地用镊子夹小铁环进行连接,感受磁铁能磁化的特性。

③在幼儿完成记录单时教师要提醒幼儿用绘画的方式记录实验结果。

(9) 变化延伸:

①利用磁铁可磁化的原理,以横向和竖向结合的方式将小铁环连接起来,创造不同的造型,增加难度和趣味性。

②可加深对磁铁相关知识(如磁悬浮、磁力线等)的探索。

第四节 社会区

幼儿阶段是人的社会性发展的重要时期。培养幼儿良好的社会适应能力,可为幼儿形成健康的个性以及与社会环境建立和谐的关系奠定基础,它对幼儿的学习与发展具有重要意义。社会区正是为了实现这一教育目标而创设的区域。

一、社会区内涵

幼儿的社会性发展包括人际交往和社会适应两个方面,它既是幼儿社会学习的主要内容,也是培养幼儿社会性和个性发展的基本途径。幼儿园的社会区以发展幼儿的人际交往能力和社会适应能力为主要目的,为幼儿提供情境化的社会活动,幼儿通过模仿、再现、创造,去参与和体验各种社会活动。这些体验与感受会对幼儿的社会认知和行为产生一定的影响,并引导幼儿主动地把大家认同的或有益处的行为进行自我强化。这种自主参与的活动,不同于来自成人的简单说教,更容易为幼儿所理解和接受。幼儿在活动中学习怎样与人相处、怎样看待自己、怎样对待别人,逐步认识周围的社会环境,内化社会行为规范,理解并遵守日常生活中基本的社会行为规则,不断发展适应社会生活的能力。(社会区整体环境如图7-40所示)

图7-40 社会区整体环境

二、不同年龄段幼儿社会能力的发展特征

幼儿在自主参与、体验和感受各种社会交往活动中,通过有意的行为与自我强化获得社会性发展。社会领域教育更具有潜移默化的特点。教师在幼儿园活动区体系中创设社会区,旨在让幼儿在情境性环境中,通过能够支架幼儿个别化学习的各种适宜的可操作性材料,让幼儿在社会认知、社会情感及社会行为方面得到发展与提高。社会区材料投放与不同阶段幼儿的社会性

发展水平有着必然的联系，不同年龄段幼儿的社会性发展有其独特的规律及特征。

小班幼儿的社会领域教育以培养幼儿良好的人际交往能力与行为习惯为主，社会区的活动材料应注重于人际关系、社会环境及行为规范等方面的内容，如：从认识自己到关注集体，从了解自己的小家到了解幼儿园，从懂得基本的交往规则到遵守公共规则。教师在设计、制作小班材料的过程中要遵循小班幼儿的年龄与思维特征，形象逼真的材料不仅能够激发幼儿与之互动的兴趣，而且能让幼儿在游戏中获得相关经验。

随着社会交往经验的丰富、语言表达能力的增强，中班幼儿经常会主动交朋友，但是在与同伴交往的过程中往往会因为良好的社会行为规则没有形成，而引发各种矛盾与冲突。因此，中班社会区的内容侧重于人际关系和行为规范两大方面，同时也兼顾了社会文化方面，如人文景观、民间节日、世界文化等，充分体现出《纲要》中提出的"爱父母长辈、老师和同伴，爱集体、爱家乡、爱祖国"的教育目标。

随着语言表达能力、逻辑思维能力的增强，大班幼儿在人际交往与社会适应方面有了质的飞跃，不再局限于对周围生活的认知，对外面的世界有了极大的渴望。针对这些特点，大班社会区的内容更多地倾向于社会环境与行为规范方面，在社会区材料中增加了祖国风光、世界之最、民间节日、民间艺术、世界文化等相关内容；在行为规范方面增加了公共规则、交往礼仪、风土人情、世界和平等方面的内容。

从小班到大班的社会区活动材料，充分体现出了社会领域教育内容由易到难、由近及远的特征。

三、社会区目标

（一）区域总目标

①喜欢并适应群体生活。

②遵守基本的行为规范。

③具有初步的归属感。

（二）各年龄段目标

1. 3—4岁

①对幼儿园的生活好奇，喜欢上幼儿园。

②懂得并遵守一日生活中的各项规则。

③知道家庭成员与自己的关系，体会到自己是家庭的一员。

④奏国歌、升国旗时能自动站好。

2. 4—5岁

①愿意与家长一起参加社区的一些群体活动。

②关心社区生活，养成良好的生活和学习习惯。

③认识国旗、国歌，知道自己是中国人。

④知道父母的职业，能体会到父母为养育自己所付出的辛劳。

3. 5—6岁

①对小学生活感到好奇和向往。

②了解社会生活中最基本的规则，自觉地遵守一日生活中的各项行为规范。

③爱护身边的环境，注意节约资源。

④知道自己的民族，知道中国是一个多民族的大家庭，各民族之间要互相尊重、团结友爱。

四、社会区环境创设

幼儿园社会教育的核心是"做人的教育"，主要以发展幼儿的情感和社会性为目标，以增进社会认知、激发社会情感、培养社会行为为主要内容，涉及社会学、伦理学、地理学、经济学、文化学、心理学、历史学等各方面的知识，而社会区则是为了满足幼儿的社会发展需要专门创设的区域。为了尊重幼儿的学习特点并满足其发展需要，保证区域活动的有序开展，促进幼儿良好社会性品质的形成，教师在创设社会区环境时，需要科学、合理、全面地规划空间，并达到如下要求。

第一，保证活动空间的个性化与多元化。 社会领域是一个多元化的学习领域，幼儿的社会性学习需要通过多重渠道、不同方式获得：有些知识经验需要通过自身学习获得；有些社会经验需要在与同伴的交往中获得；有些人文经验需要从主题活动、当地民俗中获得。因此，教师在规划社会区的活动空间时，从墙面布置到桌椅摆放，从内容设置到材料操作方式，都需要考虑内容和空间的多元化。

第二，保证活动空间的固定与灵活。 在社会区中，幼儿既需要有独立思考探索的空间，也需要有社会交往的场所。为了尊重幼儿的个体需求及社会领域学习的独特性，教师为幼儿提供的场地最好既有封闭独立的学习空间让其开展知识性学习，也有开放的合作交流场所供其开展社交性学习。只有在有限的空间内实现固定与灵活相结合，才能实现活动空间的动静结合、合理转换。

第三，共享空间实现社交小天地的功能。 教师通常还会利用班级之间的公共走道、阳台连廊等公共区域，设置更为开放的共享社会区空间。这个共享的区域作为室内社会区的补充部分，具有游戏情境更为真实、游戏空间更加开放、活动氛围自由、可容纳较多人数、可进行混龄合作游戏等特点。

五、社会区活动框架

社会区的活动材料是教师基于《纲要》和《指南》的精神，以及幼儿园课程整体目标中对幼儿社会能力发展的要求，根据幼儿的发展需要，以真实生活为原型，为幼儿提供的游戏化、情境化、活动化的系列材料，幼儿通过与材料的互动，在直接感知与亲身探索中获得社会能力的提升。表7-4为幼儿园小、中、大班社会区活动框架。

表7-4 社会区活动框架

班级序号	小班	中班	大班
1	表情娃娃	幼儿园里的活动	男女洗手间
2	幼儿园工作人员	礼貌用语	小主人
3	我幸福的一家	值日生	家庭安全我知道
4	功能室及其作用	紧急电话号码	消防物品
5	祖国妈妈	幼儿园场地	公共场所标志
6	儿童公园文明游客	各行各业	中国世界遗产
7	有秩序、不拥挤	医院看病	广式茶点
8	深圳景点	文房四宝	中国传统面点
9	各种各样的功能车	国家和国花	国家国旗首都转盘
10		节日表	各国货币
11		环保标志	奥运会与吉祥物
12		西餐礼仪	十二生肖
13		深圳公园	地铁文明
14		西方传统节日	文明小读者
15		中国民间艺术品	中国传统节日
16		京剧角色	少数民族节日
17		民族服饰	中国地方戏
18		世界各地工艺品	不同字体书法
19		公共标志	茶道
20			世界之最
21			中外画家与作品

六、社会区活动实例

本书中仅选取少数案例,其他案例详见"幼儿园区域活动材料丛书"中的《幼儿园社会区材料设计与评价》一书。

(一)活动设计背景

幼儿在园的一天涉及人际交往、社会规则、社会现象等各方面的内容,幼儿的社会性发展更多的源自与成人和同伴之间的交往与合作,让幼儿在真实的社会情境中发展社会性是社会领域学习的最佳途径。因此,社会区材料以同伴间的合作性材料居多,幼儿在与材料、同伴的互动过程中通过同伴间的合作探索,既可以获得材料本身所蕴含的知识与技能,又可以形成正确的自我认知,学习同伴之间友好相处的方法。

(二)社会区活动案例

活 动 一

(1)活动名称:各种各样的功能车。

(2)活动目标:

①在操作中提高观察事物和语言表述的能力。

②了解生活中常见的车的特点和功能,区分常见车辆的名称及用途。

③对各种车辆感兴趣,感受车与人们生活的关系。

(3)材料解读:

①投放各种类型的合金车辆模型,吸引幼儿探索的兴趣。

②根据小班幼儿的认知特点,选择的车辆为幼儿生活中常见的类型,且数量不要太多,四五个即可。

(4)材料构成(见图7-41):

①消防车、货车、救护车、警车、垃圾车模型各1个,5种功能车用途的图片,车辆名称卡片。

②托盘,木碟,木筐。

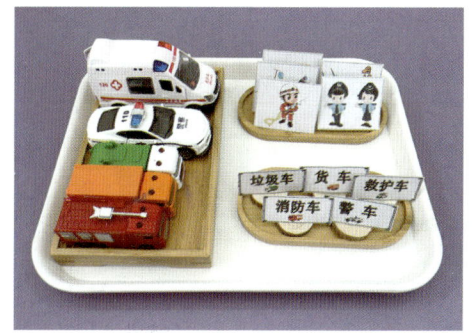

图7-41 材料构成

(5)操作步骤:

①从木筐中逐一取出车辆模型观察(见图7-42),说一说各种车辆的名称后将其摆放整齐。

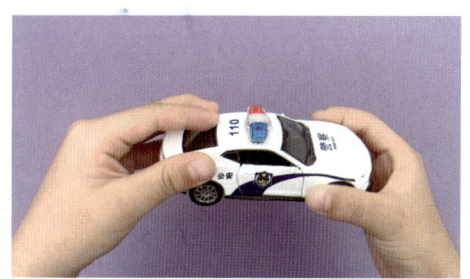

图7-42 取出车辆观察

②从木碟中取出车辆名称卡片,放在对应的车辆模型旁(见图7-43)。

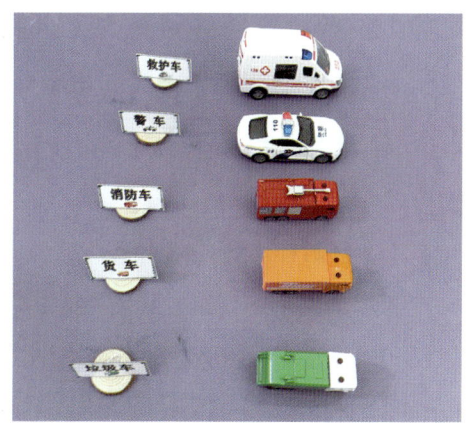

图7-43 找出车辆的名称

图7-44　摆放对应图片

③从木碟中取出图片,观察功能车用途图片中的人物与场景,与相应的车辆模型配对摆放,如:着火了的图片跟消防车模型放在一起(见图7-44)。

④根据操作结果,说一说每种车辆的名称和用途,如:消防车是用来灭火的。

(6)适宜年龄:3—4岁。

(7)错误控制:图卡、字卡的反面贴有对应的车辆图片。

(8)注意事项:当幼儿将车辆跟图卡、字卡对应摆放好后,教师引导幼儿用简单的语言说一说车辆的名称和用途。

(9)变化延伸:提供其他常见车辆的模型,让幼儿了解生活中更多种类的车辆的用途。

活 动 二

(1)活动名称:公共标志。

(2)活动目标:

①在辨别标志的过程中提高观察能力。

②认识各种公共标志图案,知道其在生活中的作用。

③增强自我保护意识,养成遵守社会秩序的好习惯。

(3)材料解读:

①选用可立起来摆放的标志小图标,吸引幼儿主动探索。

②选择的标志为幼儿在日常生活中常见的标志,便于幼儿理解和学习。

(4)材料构成(见图7-45):

①立体标志图标6个,场景图片6张,标志名称字卡6张,记录单,剪刀,胶水。

②托盘,小筐,木碟。

图7-45 材料构成

(5)操作步骤:

①从小筐中取出场景图片,逐一观察后摆放整齐(见图7-46)。

②逐一取出标志,说一说标志的名称后散放。

图7-46 取出场景图片观察并摆放

③将标志和场景图片一一对应,如:在吸烟的场景图片旁边对应摆放禁止吸烟的标志(见图7-47)。

图7-47 标志与场景图片配对

④摆放标志名称字卡,说一说标志的含义,并完成记录单(见图7-48)。

图7-48 摆放标志名称字卡

(6)适宜年龄:4—5岁。

(7)错误控制:场景图片和标志名称字卡的反面贴有对应的标志图。

(8)注意事项:

①教师引导幼儿理解标志的含义。

②在收材料时,教师要提醒幼儿按类摆放整齐。

(9)拓展延伸:

①可投放交通标志给幼儿认识,使幼儿了解交通安全知识。

②幼儿可以两两合作操作,进行标志对对碰的互动,加深对标志的认识。

活 动 三

(1)活动名称:十二生肖。

(2)活动目标:

①在操作中提高观察能力和简单的推理能力。

②熟悉十二生肖中动物的名称,了解十二生肖的排列顺序及与人们的关系。

③乐意与同伴分享自己的属相,萌发对传统文化的热爱之情。

(3)材料解读:

①设计连续的底板操作卡,引导幼儿按照顺序摆放十二生肖,直观了解

十二生肖的排序方式。

②选择大小适宜的十二生肖模型,激发幼儿的操作兴趣。

(4)材料构成(见图7-49):

①十二生肖模型和底板操作卡,《十二生肖》小书,记录单,剪刀,胶水。

②托盘,小盒子。

图7-49　材料构成

(5)操作步骤:

①取出底板操作卡和十二生肖模型,观察并散放(见图7-50)。

图7-50　取出底板操作卡和生肖模型

②打开《十二生肖》小书,按书中的指引摆放十二生肖的位置,如:鼠排第一位,则将鼠的模型放在底板操作卡的第一位(见图7-51)。

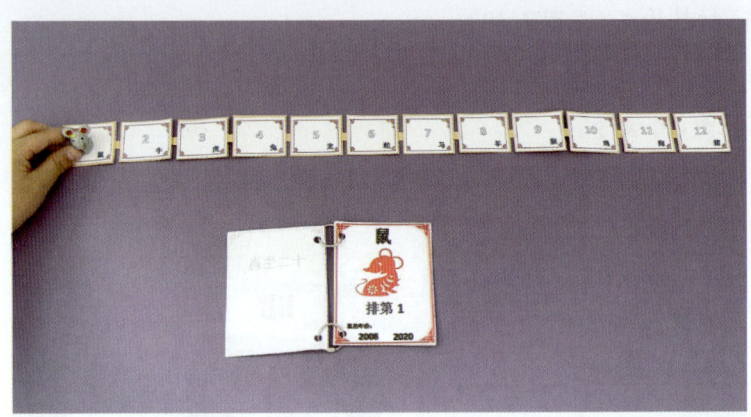

图7-51　按顺序摆放生肖模型

③用此方法将十二生肖全部有序地摆放在底板操作卡上,根据摆放好的材料,从鼠开始,说一说十二生肖的名称和顺序。

④说一说自己出生的年份,在生肖年份卡中找到自己的生肖属相。

⑤将结果记录下来,完成记录单(见图7-52)。

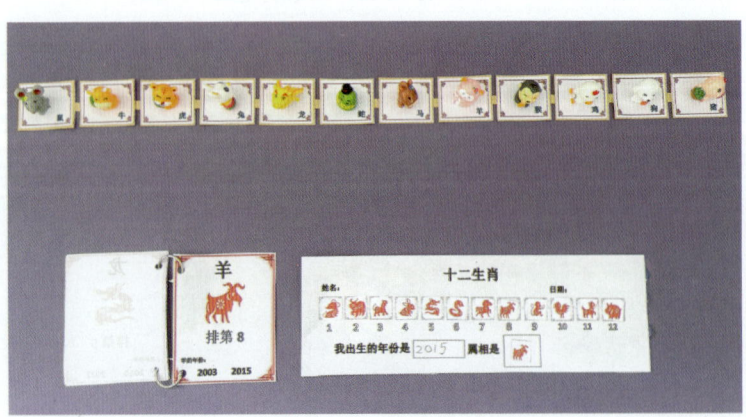

图7-52　完成记录单

（6）适宜年龄：3—4岁。

（7）错误控制：底板操作卡上有十二生肖的排序和图片，教师可指引幼儿操作和辨认。

（8）注意事项：

①在幼儿完整摆放好材料后，教师可引导幼儿说出十二生肖的名称和顺序。

②幼儿需事先向家人和老师了解自己的出生年份，根据年份找出自己的生肖。

（9）拓展延伸：

①幼儿可在家收集家人的出生年份，查询家人的生肖。

②了解十二生肖的相关民俗文化，如十二生肖工艺品、十二生肖的来历等。

第五节　艺术区

艺术活动是最能打动人们心灵的活动，是人们感受美、表现美和创造美的重要活动形式。幼儿更是经常借助唱唱跳跳、绘画、表演等方式来表达自己对周围世界的认识以及内心的情感和喜好。艺术区为幼儿提供了充分展露个性、表达内心情感和艺术天分的舞台。

一、艺术区内涵

《纲要》中有如下教育要求："提供自由表现的机会，鼓励幼儿用不同艺术形式大胆地表达自己的情感、理解和想象。"幼儿艺术领域学习的关键在于，教师要充分创造条件和机会，培养幼儿对音乐、美术活动的兴趣和爱好，让幼儿自由地展现个性，并从中发现具有强烈兴趣和特殊艺术天分的幼儿，促进他们不断地发展。

艺术区包括音乐区和美术区两个基本部分，其中音乐区以培养幼儿对音乐活动的兴趣、提升幼儿对音乐的感受力和表现力为主要目的。在艺术区，教师可投放与音乐欣赏和表演活动相关的材料及设备，如钢琴、打击乐器、适合幼儿使用的小型乐器、音响、录音机、光盘、演出服饰、乐谱等，为幼儿创造音乐欣赏和表现的环境；还可搭建小舞台、小剧场，为幼儿提供展示的场所。教师也应该以自身的音乐专业素养，积极带动幼儿对音乐、舞蹈、表演等各种艺术形式进行探索和表现。

在创设美术区环境时，教师要根据各种美术形式的特点，为幼儿提供颜料、画笔、各种画纸、泥塑材料等美术操作材料，鼓励幼儿主动参与，尝试学习绘画、剪纸、折纸、剪贴等多种美术技能，学会正确使用美术工具、材料，培养幼儿对美术创作的兴趣，鼓励幼儿大胆地尝试各种美术活动形式。除了在班级里创设独立的美术区以外，还可以在幼儿园的公共区域设置大型的创意美工室，为幼儿提供更为丰富的美术创作素材和材料，引导幼儿加强与同伴的合作，大胆想象与创作，充分表达自己的情感。幼儿完成的美术作品可用来装饰和美化环境，增添区域的艺术氛围。艺术区场地应当开阔一些，环境布置要充满艺术气息，富有吸引力，并与安静的区域保持一定的距离。（美术区整体环境如图7-53所示）

图7-53　美术区整体环境

二、不同年龄段幼儿艺术能力的发展特征

艺术区是教师根据幼儿园教育目标和幼儿的艺术发展水平而创设的活动场所。幼儿在充满艺术氛围的、轻松愉悦的环境中，按照自己的兴趣、意愿与能力选择适宜的活动材料，通过线条、颜色、声音、肢体动作充分感受美、探索美、表现美与创造美，从而获得与艺术相关的知识经验。

幼儿在艺术区结合已有的音乐和美术的相关经验，在开放性的环境中发挥创造性思维，在艺术表达中其想象力、创造力、表现力得以满足，审美能力获得提升。

艺术区虽然为幼儿提供的是开放性材料，但是艺术区的内容设置也同样需要符合幼儿的认知规律及年龄特征，因此，艺术区材料的投放依然需要严谨、逻辑性强、层次分明。

小班幼儿的动手能力不强，教师在投放美术区材料时，应该以兴趣为抓手，投放目标以激发幼儿参与绘画、手工与美术欣赏活动的兴趣为主。随着中班幼儿各方面能力的增强，教师应该基于幼儿在小班阶段对美术材料的操作方法、对美术知识和技能运用的程度提供材料，通过绘画、造型、制作等多种活动，充实幼儿的美术知识、技能及相关经验。大班幼儿的绘画、手工及艺术欣赏能力得到了较大的提升，因此，大班美术区的重点在于培养幼儿感受与发现大自然和社会文化生活中的美的能力，鼓励幼儿大胆地用自己的方式表现、感受和想象，以此提升美术素养。

音乐区材料的投放更应该适合幼儿的学习方式与特点。小班的音乐区应该尽量为幼儿提供熟悉的乐曲及喜欢的道具，让幼儿在熟悉的情境下产生对音乐的兴趣，获取粗浅的音乐经验；中班的音乐区在幼儿能够初步感知、理解韵律动作与音乐之间的关系的基础上，通过歌唱、韵律、器乐演奏、乐曲欣赏等多种形式，引导幼儿进行简单的创作与表演。在大班的音乐区创设方面，教师应该基于幼儿在中班阶段所获得的经验，投放的材料涉及音乐领域的方方

面面，重点培养幼儿对音乐的理解力、表现力及创造力等，让幼儿在音乐区的活动中丰富对音乐的多种感官经验，深化对音乐知识的理解，全面提升幼儿的音乐素养。

三、艺术区目标

（一）区域总目标

①初步感受周围环境、生活和艺术中的美。

②喜欢艺术活动，能用自己喜欢的方式大胆地表现自己的感受与体验。

③乐于与同伴一起娱乐、表演、创作。

（二）各年龄段目标

1. 3—4岁

①喜欢听音乐或观看舞蹈、戏剧等表演。

②模仿和学唱短小的歌曲。

③能跟随熟悉的音乐做身体动作。

④体验绘画活动的乐趣，培养对绘画的兴趣，养成正确的握笔方法和作画姿势。

⑤参加各种手工活动，尝试使用多种材料和工具，培养对手工活动的兴趣。

⑥欣赏具有鲜明色彩和简单造型的生活物品及美术作品，对美的形象有一定的反应。

2. 4—5岁

①能够专心地观看文艺演出或艺术品，有模仿和参与的愿望。

②能用自然的、音量适中的声音基本准确地唱歌。

③能用拍手、踏脚等身体动作或可敲击的物品敲打节拍和基本节奏。

④掌握以手指操作为主的绘画工具和材料。

⑤喜爱各种手工活动，能正确地使用各种材料和工具。

⑥欣赏作品的造型、色彩、构图，能从美的角度进行评价，知道美术作品反映现实生活，能在欣赏的过程中产生一定的想象。

3. 5—6岁
①在艺术欣赏活动中常常用表情、动作、语言等方式表达自己的理解。
②能用律动或简单的舞蹈动作表现自己的情绪或自然界的情景。
③能自编自演故事，并为表演选择和搭配简单的服饰、道具或布景。
④能运用不同的技法，学习使用多种绘画工具和材料。
⑤熟练使用与选择手工工具及材料，创造性地表现自己的认识和感受。
⑥欣赏绘画作品、工艺品、雕塑、建筑物等，知道对称美、均衡美，初步学会正确地评价美，能用语言、动作、表情等表现自己对作品的感受和想象。

四、艺术区环境创设

艺术教育是幼儿园教育的重要组成部分。艺术区是教师根据幼儿园教育目标和幼儿的艺术发展水平所创设的活动区域，它包括音乐区和美术区两个基本部分。幼儿在艺术区按照自己的兴趣、意愿及需要，通过绘画、创作、色彩、声音、肢体动作等方式进行艺术领域的学习与探索，通过艺术区的活动培养感受美、欣赏美、表现美的能力，发展想象力和创造力。

为了提供让幼儿充分表达自己对周围世界的认识和自己内心情感的条件与机会，艺术区的环境创设应该突出以下特点。

第一，规划足够的创作与表现空间。 创作与表现是幼儿艺术的特点，在规划艺术区的空间时，教师应该留出足够的空间供幼儿绘画创作、表演表现。美术区的活动需要涉及颜料和画笔的清洗及颜色方面的正确认知等，为了保证幼儿充分感受色彩的美感，创作起来得心应手，美术区应该尽量靠近水源和窗户。音乐区的空间需要遵循动静分离的原则，尽量避免使音乐或者乐器发出的声音干扰在安静区域学习的幼儿。教师可以将室内外一角作为小舞台，让幼儿在开放的空间里进行自由的探索和表现。

第二，创设艺术欣赏与展示的墙面。 美术是视觉的艺术，音乐是听觉的艺术，丰富的环境能够吸引幼儿主动学习。教师应该充分利用艺术区的墙面或者地面，如：及时更新美术区的墙面，可张贴一些世界名画或者幼儿的绘画作品；在音乐区的墙面上挂上一些可供幼儿操作的打击乐器，在活动室的地面上摆放幼儿合作完成的大型手工作品等，幼儿在充满艺术氛围的环境中会受到潜移默化的影响，从而进行更深层次的艺术探索。

第三，空间满足幼儿情绪情感的需求。 艺术区是幼儿大胆想象与创作，充分表达自己情感的区域。幼儿在美术区和音乐区的活动中，需要通过自己的绘画、手工、歌曲、舞蹈等多种方式，将自己置身于假想的场景中，化身为某一个故事或者音乐剧中的角色，用自己喜欢的方式表达出曾经看过、听过、想过、做过的事情或情绪情感。因此，为幼儿提供独立、宽敞、开放的艺术区场地有利于幼儿之间的相互合作与表现表达，能够满足幼儿各种情绪情感体验的需要。

五、艺术区活动框架

艺术区的材料是教师基于《纲要》和《指南》的精神，以及幼儿园课程整体目标中对幼儿艺术能力发展的要求，根据幼儿的发展需要，以真实生活为原型，为幼儿提供的游戏化、情境化、活动化的系列材料，幼儿通过与材料互动，在直接感知与亲身探索中获得艺术能力方面的提升。以下为幼儿园小、中、大班美术区活动框架和音乐区活动框架（见表7-5、表7-6）。

表7-5 美术区活动框架

班级 序号	小班	中班	大班
1	贴点点	路边的野花	青花瓷
2	小树苗	石头彩绘	飞翔的鸟

（续表）

班级序号	小班	中班	大班
3	美味的甜甜圈	欢乐色块	金秋美景
4	七彩瓶	蝴蝶找花	喷火龙
5	小鸡跳跳	快乐的小蜗牛	彩色的鱼
6	蔬菜印章画	迎风鱼	立体贺卡
7	手掌对印画	蒙德李安爷爷的格子画	糖画蝴蝶
8		甜品店	喜庆春联

表7-6 音乐区活动框架

班级序号	小班	中班	大班
1	听曲摆图谱	听声音找乐器	赏曲画故事
2	唱吧！唱吧！	名曲与国家	用手来歌唱
3	乐器分类	芭蕾手位小书	世界著名舞蹈
4	好玩的打击乐器	小老鼠	美妙的按钟
5		中西乐器	小钟琴的演奏
6		音乐家与国家	有趣的五线谱
7		布谷鸟	钢琴名曲与作者

六、艺术区活动实例

本书中仅选取少数案例，其他案例详见"幼儿园区域活动材料丛书"中的《幼儿园艺术区材料设计与评价》一书。

（一）活动设计背景

艺术区中的美术与音乐两大方面，在教育功能上具有共性，即落实《指南》和《纲要》的精神,实现幼儿发展。音乐区和美术区共同培养、塑造幼儿完整的人格,两者相互作用、相互渗透、相互融合。音乐区以培养幼儿对音乐活动的兴趣、提升幼儿对音乐的感受力和表现力为主要目的,活动材料主要涉及歌唱活动、韵律活动、乐器演奏活动、音乐游戏四个方面。美术区的活动材料紧紧围绕美术领域的绘画、手工与美术欣赏三个方面的内容,幼儿通过在区域中操作丰富的材料,培养审美表现和审美创造的能力,从中提升美术方面的修养和释放美术天性,在浓郁的艺术氛围中充分地进行自由表现与创造。

(二)艺术区活动案例

1. 美术区

活 动 一

(1)活动名称:美味的甜甜圈。

(2)活动目标:

①能用手指画颜料,为甜甜圈的糖果进行创意配色,提高手眼协调能力。

②了解甜甜圈的造型,学习黏土的揉搓技法,并用环形表现甜甜圈。

③愿意参与手工活动,体验玩黏土的乐趣。

(3)材料解读:

①提供各色超轻黏土和手指颜料,满足幼儿的创作需求。

②搭配视频和图片,让幼儿更直观地了解和学习甜甜圈的制作。

③配有餐垫花纹纸底板,放置甜甜圈,增加艺术氛围。

(4)材料构成(见图7-54):

①彩色黏土,勾线笔,胶水,手指颜料,餐垫花纹纸底板,平板电脑。

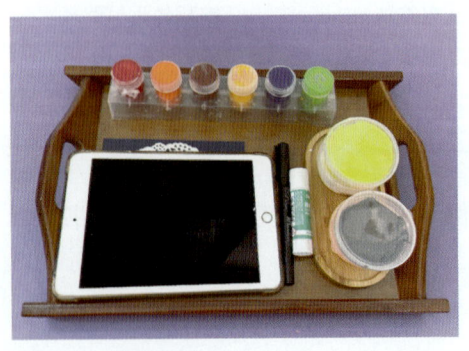

图7-54 材料构成

②托盘,盒子。

(5)操作步骤:

①拿出平板电脑,点开甜甜圈制作视频,观看甜甜圈的制作方法。

②选择一种自己喜欢的颜色的黏土,取出手心大小的分量。

③取出勾线笔作为参照物,先将黏土揉成圆形,再搓成勾线笔长短的圆柱体(见图7-55)。

④把圆柱体的两头围合起来,做成甜甜圈,涂上胶水,粘在餐垫上。

⑤取出少量喜欢的黏土,搓成长条后压扁,重叠放在甜甜圈上面充当果酱。

⑥取出手指颜料,粘取喜欢的颜色,在甜甜圈上面装饰(见图7-56)。

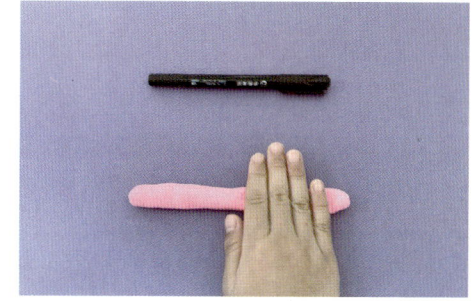

图7-55 把黏土搓出圆柱体

图7-56 手指点颜料装饰甜甜圈

⑦欣赏作品(见图7-57)。

图7-57 欣赏作品

（6）适宜年龄：3—4岁。

（7）错误控制：视频中有甜甜圈的制作步骤，幼儿可参照勾线笔的长度来制作甜甜圈。

（8）注意事项：

①取出黏土时，要注意适量，教师可加以提醒。

②使用手指颜料，如需要更换颜色，要先用纸巾擦干净手指的颜料，再换其他颜色。

（9）变化延伸：可以加入亮片、小塑料条等材料装饰甜甜圈，或制作其他形状的甜甜圈，增加甜甜圈的外形和口味的类型。

活 动 二

（1）活动名称：蒙德李安爷爷的格子画。

（2）活动目标：

①在尝试用格子画的绘画方法时提高想象力。

②欣赏蒙德李安的作品，了解画作中的色彩搭配与格子画的构图风格。

③愿意欣赏不同风格的艺术作品，与同伴分享不一样的审美体验。

（3）材料解读：

①提供便于操作的粗头的马克笔给幼儿进行格子画的分区描绘。

②选择红色、黄色、蓝色三种颜色的丙烯颜料和三支画笔，方便幼儿分笔使用颜色，这样不会混色，可以更好地表现出艺术效果。

（4）材料构成（见图7-58）：

①《蒙德里安格子画作品欣赏册》，布画板，牛皮纸袋子，白色纸盒，黑色粗马克笔，红色、黄

图7-58　材料构成

色、蓝色丙烯颜料，画笔3支，抹布。

②托盘。

（5）操作步骤：

①取出《蒙德里安格子画作品欣赏册》，了解画家的名字，欣赏画家的格子画系列作品，观察画家作品的色彩搭配和作画方式（见图7-59）。

②观察托盘中的材料，取出一种自己喜欢的作画材料，拿出马克笔和颜料并放旁边，做好画前准备。

③构思好图案，先用黑色马克笔在材料中进行横向和竖向直线条的分区描绘。

④将红色、黄色、蓝色三种颜料打开，分别用画笔蘸取不同的颜色，在分区的底板画中选择格子自由涂色（见图7-60）。

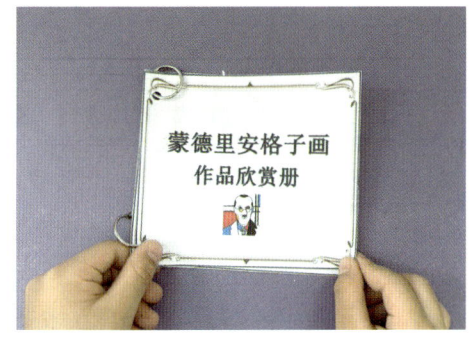

图7-59 欣赏了解作品

图7-60 进行创作

⑤完成作品后密封好颜料盒，清洗材料，与同伴欣赏作品（见图7-61）。

图7-61 欣赏作品

(6) 适宜年龄：4—5岁。

(7) 错误控制：《蒙德里安格子画作品欣赏册》引导幼儿用格子画的作画方式绘画。

(8) 注意事项：

①在幼儿的操作过程中教师引导他们先欣赏蒙德里安的作品，了解作者的作画风格和构图方式。

②在幼儿完成操作后，教师提醒幼儿清洗和整理好物品，养成良好的作画习惯。

(9) 变化延伸：教师可以提供更多类型的材料载体（如空白T恤、纸箱、手帕、拖鞋等）给幼儿，激发幼儿的创作灵感。

活 动 三

(1) 活动名称：青花瓷。

(2) 活动目标：

①在运用青花瓷的表现方法绘画纹样的过程中提高创作能力。

②欣赏不同造型的青花瓷器，了解其纹样装饰的特点与表现手法。

③感受青花瓷器独特的色调美和纹样美，萌发对传统民间艺术的热爱之情。

(3) 材料解读：

①提供专门用于绘画的花瓶白坯、碟子白坯等，既有立体材料，也有平面材料，幼儿可以自由选择喜欢的材料描绘青花瓷。

②准备《雅致青花瓷》小书，引导幼儿了解与欣赏，激发幼儿创作的灵感。

(4) 材料构成（见图7-62）：

图7-62 材料构成

①花瓶白坯，碟子白坯，蓝色马克笔，《雅致青花瓷》小书。

②碟子，藤筐。

（5）操作步骤：

①取出《雅致青花瓷》小书，翻阅小书前面的部分，了解青花瓷的由来（见图7-63）。

②翻阅《雅致青花瓷》小书后面的部分，了解青花瓷的各种纹样和装饰手法。

图7-63　欣赏《雅致青花瓷》小书

③从藤筐中取出一种喜欢的材料载体，从碟子中拿出马克笔。

④根据从小书中了解到的青花瓷表现方法，开始描绘青花瓷图案，创作青花瓷（图7-64）。

图7-64　创作青花瓷

⑤完成作品后放在美术区展示柜，邀请同伴欣赏（见图7-65）。

图7-65　展示和欣赏作品

(6) 适宜年龄：4—5岁。

(7) 错误控制：《雅致青花瓷》小书中配有青花瓷创作的方法指引。

(8) 注意事项：

①教师可以跟幼儿一起欣赏《雅致青花瓷》小书，给幼儿讲解，帮助幼儿更好地理解小书的内容。

②在幼儿的创作过程中，教师可适当提醒幼儿根据青花瓷青白素雅、蓝白相间等特点创作，鼓励幼儿尝试用各种纹样表现青花瓷的特征。

(9) 变化延伸：将幼儿的作品收集起来，一起布置青花瓷展览，弘扬传统民间艺术文化。

2. 音乐区

活 动 一

(1) 活动名称：好玩的打击乐器。

(2) 活动目标：

①在操作中提高倾听能力和动作的灵活性。

②认识几种简单的打击乐器，了解音色和演奏方法，尝试简单地演奏乐器。

③喜欢音乐活动，在活动中有愉快的情绪。

(3) 材料解读：

①选择容易听辨音色和演奏的打击乐器，如铃鼓、双响筒、碰钟等，便于小班幼儿操作。

②选择一首幼儿熟悉的、节奏分明的、有重复歌词的歌曲，幼儿在听到相同的歌词时演奏乐器。

(4) 材料构成（见图7-66）：

①播放器、铃鼓、碰钟、串

图7-66 材料构成

铃、单响筒各1个，乐器图片卡，播放器，《抓泥鳅》歌曲。

②托盘，藤筐。

（5）操作步骤：

①从托盘中取出乐器图片卡，观察图片后摆成一排。

②从藤筐中取出乐器，用摇一摇、敲一敲等方式探索乐器的音色（见图7-67）。

图7-67 取出乐器探索

③找到与乐器对应的图片卡，将乐器跟图片卡一一对应摆放，认识乐器的名称，了解演奏方式（见图7-68）。

④选择一种喜欢的乐器放在面前，取出播放器，准备播放音乐。

图7-68 认识乐器

⑤播放《抓泥鳅》的歌曲，拿起乐器准备好，当听到唱"抓泥鳅"的"鳅"时，敲击一次乐器，直到歌曲播放完（见图7-69）。

⑥更换打击乐器，再次播放歌曲演奏。

图7-69 播放歌曲演奏

(6) 适宜年龄：3—4岁。

(7) 错误控制：乐器图片卡上有乐器演奏的指引。

(8) 注意事项：

①因幼儿年龄较小，教师可以陪伴幼儿一起共同了解各种乐器，给予引导，鼓励幼儿大胆尝试，培养幼儿对音乐的兴趣。

②当发现幼儿使用播放器播放音乐有困难时，教师可以给予幼儿适当的帮助。

(9) 变化延伸：

①当幼儿熟悉几种打击乐器后，教师可以引入其他打击乐器，让幼儿了解与演奏。

②教师可以更换其他歌曲，变换演奏的节奏类型。

活 动 二

(1) 活动名称：布谷鸟。

(2) 活动目标：

①在拍手、拍腿等身体动作表现节奏中锻炼稳定拍和动作协调的能力。

②欣赏音乐《布谷鸟》，感受4拍子的音乐，了解四分音符的音乐节奏类型。

③乐于参与节奏游戏，萌发对音乐活动的喜爱之情。

(3) 材料解读：

①《布谷鸟》为4拍子的乐曲，旋律优美、欢快活泼，适合开展音乐活动。

②选择4个碟子表现4拍子，沙蛋作为四分音符，摆放节奏图，幼儿可以自己操作，变换节奏。

(4) 材料构成（见图7-70）：

图7-70　材料构成

①碟子4个，红色沙蛋3个，绿色沙蛋2个，音乐播放器，《布谷鸟》的音乐，音乐背景卡，节奏卡，曲谱架。

②托盘，深碟。

（5）操作步骤：

①取出音乐播放器，音乐背景图，播放《布谷鸟》音乐，欣赏乐曲（见图7-71）。

②将节奏卡从盘中取出，观察节奏卡后，将其整齐地摆放在一边。

图7-71　欣赏音乐

③取出4个碟子，摆放成一排，然后选择一张节奏卡，按节奏卡的图示将沙蛋放在碟子中，摆出4拍子的节奏（见图7-72）。

④根据4个碟子中摆放好的节奏，用身体动作练习。如：红色沙蛋对应拍手、绿色沙蛋对应拍腿，没有沙蛋对应空手停。

图7-72　摆出节奏

⑤播放《布谷鸟》音乐，和着音乐看节奏，用身体动作玩节奏游戏（见图7-73）。

⑥更换其他节奏继续进行节奏游戏，感受不同的节奏类型。

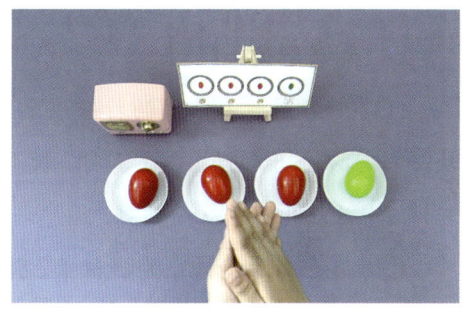

图7-73　播放音乐玩节奏

核心而创设，围绕美术与音乐两个领域的内容而开展活动。但公共艺术区有别于班级艺术区的地方如下。

第一，公共艺术区具有开放、共享、动态、展示的教育功能。幼儿园的公共艺术区是一个开放性的活动区域，供全园幼儿共同使用；区域材料具有广泛性与共享性，能够满足不同年龄、不同能力幼儿的需求；公共艺术区的环境是动态的，小舞台的布景及美工室的艺术创作内容可以随着幼儿的兴趣爱好而发生变化；公共艺术区还具有展示的教育功能，幼儿能够在参观、分享同伴和学长作品的过程中学会欣赏美，逐渐提升艺术创作能力。

第二，公共艺术区有利于建设幼儿学习共同体。公共艺术区的活动空间、内容、形式与班级的艺术区相比，其活动空间更加开放、活动内容更加多元、活动形式多以小组合作为主，教师在公共区域中为幼儿提供宽敞的场地与充足的材料，在活动时幼儿需要与同伴合作、商讨主题、制定方案、进行分工、解决困难等。活动中以团队为主体，既有分工又有合作，幼儿既可以获得责任感又可以获得荣誉感，在和谐、自由、轻松的氛围中得到发展。

第三，公共艺术区有效促进了幼儿的社会性发展。公共艺术区的活动改变了传统的学习方式，幼儿在活动时既能够当能力强的哥哥姐姐的"学生"，又可以充当小班弟弟妹妹的"老师"。这种打破了年龄界限的活动，不仅让幼儿学会了与不同的人交往，而且拓宽了其交往范围，使其处理人际关系的能力获得了提升。

二、公共艺术区目标

（一）区域总目标

①利用机会和条件，产生感受美、表现美的情趣。

②乐于与同伴一起开展娱乐、表演、创作等艺术活动。

③喜欢参加与艺术有关的游戏和各种有益的活动，在活动中快乐、自信。

（二）各年龄段目标

1. 3—4岁

①乐意用多种形式感知、欣赏不同的艺术作品之美。

②愿意自主进行绘画、手工、歌唱、表演等艺术活动。

③愿意参与艺术游戏，体验与同伴共同创作的乐趣。

2. 4—5岁

①感受、发现和欣赏公共艺术环境中美的事物，萌发创造美的愿望。

②喜欢不同的艺术作品，愿意在美的情境中主动表现美、展现美。

③在与同伴共同创作的过程中提升感受美、创造美的能力。

3. 5—6岁

①能根据自己的生活经验进行自发的艺术表现和创造。

②能与同伴共同唱歌、表演、绘画、制作，分享艺术活动的乐趣。

③能主动发起艺术游戏、艺术创作，与同伴分工合作完成任务。

三、公共艺术区活动主题网络图

公共艺术区活动主题网络图如图8-1所示。

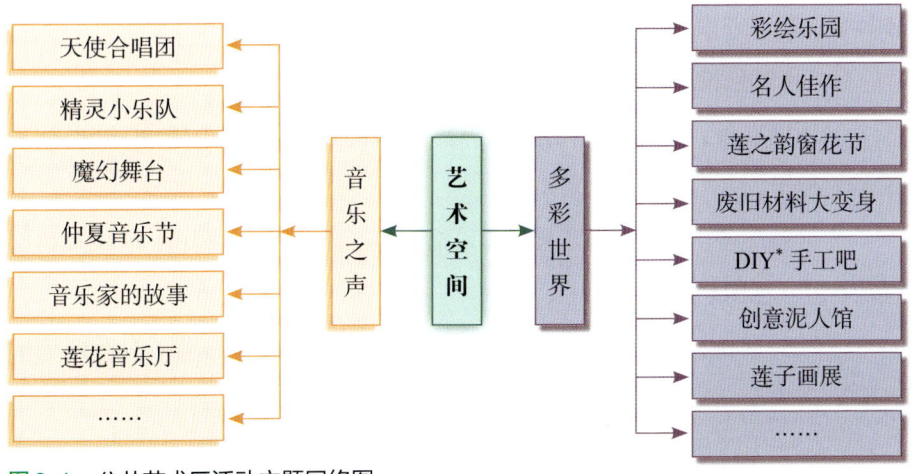

图8-1 公共艺术区活动主题网络图

* DIY 是英文"Do it Yourself"的英文缩写，中文意思是"自己动手做"。

四、公共艺术区活动实例

（一）主题"音乐之声"之精灵小乐队

1．设计背景

冼星海说："音乐，是人生最大的快乐；音乐，是生活中的一股清流；音乐，是陶冶性情的熔炉。"幼儿是天生的音乐家，他们听到音乐时会流露出自然的情感，并且会不由自主地手舞足蹈，由此可见他们发自内心地喜爱音乐。教师应当尊重幼儿的需要，把握幼儿学习音乐的特点，提供适宜的音乐素材，灵活运用不同的方式，将音乐活动日常化，让幼儿自然地走近音乐，让音乐成为他们的朋友。

节奏是音乐的重要元素，生活中处处充满节奏。教师以节奏游戏为主要的活动方式，为幼儿创设了音乐活动的平台——"精灵小乐队"，让幼儿随着音乐敲敲打打进行律动，发展幼儿的节奏感和音乐表现力，使幼儿积极地参与到音乐活动中。在"精灵小乐队"音乐活动中，教师选取了丰富的音乐素材，提供了音乐播放器、音乐图谱、各种打击乐器、表演服装等材料，让幼儿大胆地运用肢体动作和打击乐器去探索、表现、创造，充分感受音乐带来的韵律美，获得音乐的熏陶。

2．环境创设

①环境准备：在幼儿园礼堂内搭建一个有艺术氛围的小舞台，准备摆放乐器的柜子。

②材料准备：各种打击乐器、音乐播放器、音像资料、图谱、区域及材料摆放标识（见图8-2）。

③经验准备：幼儿已欣赏过一些音乐，认识了简单的乐器，有看图谱的经验。

第八章 创意区域

图 8-2 柜子里的各种乐器

3. 各年龄段活动指引

活动一（3—4岁）

（1）活动目标：

①喜欢音乐活动，在活动中情绪愉快。

②能跟随熟悉的音乐做相应的身体动作。

③认识简单的打击乐器，能够为短小的2拍子和4拍子的歌曲、乐曲伴奏。

④提高身体动作的灵活性和协调性。

（2）活动实施：

第一阶段：动听的音乐

教师在日常生活中有意识地引导幼儿欣赏各种歌谣和风格各异的乐曲。

第二阶段：拍拍动动

幼儿自由地用身体动作表现节奏，知道节奏可以用动作来表现（见图8-3）。

图 8-3 音乐声中拍拍动动

第三阶段：乐器在歌唱

①教师引导幼儿初步了解2~3种简单乐器（如碰铃、串铃、铃鼓等），让幼儿尝试自由敲击乐器，感受乐器的不同音色。

②播放幼儿熟悉的2拍子或4拍子的音乐，教师引导幼儿用身体练习节奏活动。

③鼓励幼儿选择喜欢的乐器和着音乐节奏进行演奏，教师提醒幼儿要爱惜乐器。

④学习看指挥的手势，练习演奏。

⑤重点评析乐器使用及物品归位、整理等情况。

第四阶段：拓展延伸

带领幼儿到音乐厅欣赏器乐演奏会。

（3）活动反思：

3—4岁的幼儿在节奏活动中，乐意跟着老师念诵、拍打节奏、摆身体姿势、做动作。他们能听辨几种简单的打击乐器（如碰铃、圆舞板、木鱼等）的音色。他们对使用打击乐器演奏有着浓厚的兴趣，但是还不能较好地使用乐器，有时甚至会乱敲乱打，把乐器当成玩具使用，成了"噪音制造者"。针对这种情况，教师应当通过提供丰富、适宜的乐器，给予幼儿一些自由表现的时间，满足幼儿探索的愿望。同时，要注意引导幼儿认识打击乐器，学习正确的使用方法，建立良好的使用常规。通过为歌曲伴奏，让幼儿感受到乐器的作用，分辨音色，从而把注意力吸引到音乐活动中，养成良好的音乐活动习惯。该年龄段的幼儿还没有足够的合作意识和经验，喜欢独自敲敲打打，教师可通过解析音乐作品、绘制幼儿看得懂的音乐图谱，带领幼儿相互通过合奏、轮奏等演奏方式，感受并表现音乐作品，锻炼幼儿的协作意识和合作能力。在材料摆放、整理方面，教师可以制作具有明显特点的标识，让幼儿能够方便地取放，养成良好的习惯。

活动二（4—5岁）

（1）活动目标：

①萌发对乐器及节奏活动的兴趣，喜欢并主动参与活动。

②进一步学习一些打击乐器的演奏方法，能用乐器为2拍子、3拍子、4拍子的歌曲、乐曲配不同的简单伴奏。

③学习看指挥开始、结束和变化演奏。

④能初步尝试与同伴一起参与简单的打击乐演奏配器方案的讨论。

（2）活动实施：

第一阶段：有趣的图谱

①学习看节奏图谱，知道图谱表示的各种节奏型。

②能跟着节奏图谱的提示进行身体节奏练习。

第二阶段：敲敲打打

①教师引导幼儿认识木鱼、双响筒、三角铁等乐器，感受它们的不同音色。

②教师引导幼儿自由摆弄乐器，尝试探索敲击乐器演奏的节奏型。

第三阶段：乐器大聚会

①教师与幼儿一起选择一首优美的乐曲。

②幼儿根据乐曲的风格与同伴商定简单的配器方案，并绘制简单的节奏图谱。

③幼儿自由选择乐器，根据乐器的品种进行分组。

④选出小指挥，学习简单的指挥动作。

⑤看节奏图谱，跟着指挥的手势开始、结束和变化演奏。

⑥活动结束后，重点评析幼儿与同伴配器方案的制定以及合作演奏等情况。

第四阶段：拓展延伸

用录像或照片的形式将幼儿的演奏活动记录下来，增强幼儿的兴趣。

（3）活动反思：

4—5岁的幼儿在节奏活动中能愉快、轻松、自主地使用打击乐器，认识了更多的常见乐器（如铃鼓、双响筒、沙锤、串铃、蛙鸣筒等），并能记住其名称和使用方法，能够按自己的意愿选择乐器为音乐或者歌曲伴奏。此时，教师可有意识地引导幼儿学习对小型打击乐器（如木质的圆舞板、双响筒，金属质地的铃鼓、串铃）进行分类，引导幼儿根据音乐的需要选择适宜的乐器进行伴奏。4—5岁的幼儿能够初步遵守乐器的使用常规，建立了初步的与同伴合作进行活动的意识，他们在教师的引导下，能够互相商量，进行简单的分组、配器和合作演奏，同时还学会了看指挥或演奏图谱，能领会并按照某种信号进行音乐活动。

但是，他们对打击乐器的掌控还不够灵活，在演奏中的坚持性不够，需要更多的操作练习以发展手的动作的稳定性和协调性。在幼儿的演奏活动中，教师要注意观察并适时参与到活动中，和幼儿互动，根据幼儿的需要进行指导和帮助。活动结束后，教师要引导幼儿学会按照物品的标识，独立整理使用过的乐器和材料，养成良好的收放习惯。

活动三（5—6岁）

（1）活动目标：

①体验与同伴合作演奏的快乐。

②正确使用更多的打击乐器，并探索对比不同乐器的音色与各种乐器的混合音色。

③能在集体的打击乐演奏中有意识地注意在音色、音量和表情上与集体协调一致。

（2）活动实施：

第一阶段：民族乐器与西洋乐器

①教师引导幼儿进一步认识民族打击乐器，如钹、锣、镲片等。

②教师介绍几种常见的西洋打击乐器的名称,如架子鼓、木琴、钢片琴等。

③幼儿自由探索敲击乐器,感受、对比中西乐器的音色,学习它们的基本使用方法。

第二阶段:制订表演方案

①教师引导幼儿选定熟悉和喜欢的若干首曲子,商量演奏方案。

②推选小指挥、主持人、相关的歌舞演员和伴奏者。

③幼儿以小组为单位,根据乐曲的性质和内容选择相匹配的演奏乐器。

④幼儿根据乐曲确定每组演奏的人数和乐器,并绘制初步的节奏图谱(见图8-4)。

图8-4 设计图谱

第三阶段:布置舞台

①教师鼓励幼儿根据活动主题设计舞台背景(见图8-5)。

图8-5 装扮舞台

图8-6 打扮自己

②幼儿共同筹备、制作表演服装、道具、节目单等(见图8-6)。

图8-7 活泼的小主持人

第四阶段：乐器大串烧

①主持人宣布活动开始及注意事项(见图8-7)。

②主持人根据节目单逐一邀请小演员上台表演。

图8-8 合作演奏

③教师提醒小演员与同伴合作，协调一致地进行演奏(见图8-8)；提醒观众文明观看，热情互动。

④教师上台参与互动，引导全体演员即兴歌舞、演奏和表演（见图8-9）。

⑤活动结束时举行颁奖仪式，并重点评析舞台表现与合作演奏等情况。

图8-9 即兴表演

第五阶段：拓展延伸

教师请家长协助幼儿，用生活中的材料自制乐器，在社区里举办自制乐器音乐会。

(3) 活动反思：

5—6岁的幼儿对乐器及演奏活动的兴趣更加浓厚，能轻松自如、大胆地进行演奏活动，能充分感受和体验与同伴合作、参与音乐活动的快乐。他们对乐器的使用及参与音乐活动的常规已经掌握得较好，自我管理能力增强，能够正确使用各种常见的打击乐器，并创造性地进行组合搭配使用，有了较强的合作意识，学会了交往和协商。在活动过程中，幼儿能够大胆地表达自己的意愿和见解，合理地进行分工、分组，乐意担当小指挥等重任。

5—6岁的幼儿积累了一定的音乐知识，对音乐的理解能力增强，能大胆地探索和对比音色与混合音色，并能根据音乐性质、内容等选择乐器和进行配器。通过参与"精灵小乐队"活动，幼儿感受音乐、欣赏音乐、表现音乐的能力明显增强。教师还可创设"我是小指挥"的环节，让幼儿轮流担任乐队小指挥，感受指挥的作用，提升幼儿的音乐表达能力和领导能力。教师要鼓励幼儿、引导幼儿进行表演活动。另外，教师要支持幼儿运用已有经验进行即兴伴奏，自由地表现、创造，抒发在音乐活动中的自由、愉悦的感受。

(二)主题"多彩世界"之彩绘乐园

1. 设计背景

美术活动是幼儿表达内心需要和情感的一种重要方式。幼儿对周围的一切都充满了好奇,他们可以用身边的所有物品,把对世界的认知呈现出来。而在所有的表现方式中,他们更喜爱用颜色来表现世界,他们对色彩十分敏锐,愿意运用色彩来表现自己的生活、表达自己独特的感受,玩色彩、创意色彩是幼儿美术活动的重要内容。在主题活动"多彩世界"中,教师创设了美术创意活动"彩绘乐园",教师根据不同年龄幼儿的发展水平,投放了各类涂鸦工具(如各种各样的笔、颜料、各种废旧材料及各类纸张),鼓励幼儿运用各种形式(如吹画、扎染、喷洒、印画等),亲身体验和感受色彩的美,同时注重引导幼儿用色彩来表达自己的内心情感,大胆想象并创作,使幼儿不断地提高对色彩的敏感度和运用色彩的能力。

2. 环境创设

(1)环境准备

在幼儿园公共区域设置创意美术区,利用墙面为幼儿提供大面积的颜料创作场地和粉笔绘画墙(见图8-10)。

图8-10 公共美术区环境

(2) 材料准备

①颜料和工具：各色水粉颜料、调色盘、水盆、水彩笔、蜡笔、水粉笔、勾线笔等，20厘米×20厘米的方形手帕纸和透明玻璃塑胶纸若干，美工围裙和袖套等（见图8-11）。

图8-11 公共美术区材料

②辅助材料：瓶盖、布条、线条、玻璃珠、树叶、即时贴、纸团、海绵球、毛巾等若干。

(3) 经验准备

幼儿认识三原色，有粗浅的印画活动经验。

3．各年龄段活动指引

活动一（3—4岁）

(1) 活动目标：

①萌发对绘画的兴趣，愉快地、大胆地参与活动。

②认识简单的工具盒材料，学习分辨几种基本颜色及各种线条。

③提高感受美和表现美的能力。

(2) 活动实施：

第一阶段：美丽的盒子

①请家长协助幼儿收集各种不同大小的漂亮礼品纸盒，将纸盒陈列在架子上，形成主题展示架。

②引导幼儿欣赏纸盒的各种颜色与花纹。

第二阶段：丰富的材料

①教师引导幼儿认识各色（红色、黄色、蓝色、绿色、橙色等）颜料。

②了解装饰纸盒的各种材料——印章、即时贴、彩绘颜料等，知道各种

材料的使用方法。

第三阶段：纸盒大变身

①教师帮助幼儿穿好美工围裙，做好准备。

图8-12　幼儿装饰纸盒子

②幼儿自由选择印章或水彩笔，任意蘸一种自己喜欢的颜色，印在或画在纸盒上（见图8-12）。

③教师观察，给予幼儿及时的指导，鼓励幼儿大胆地选择颜色和印章进行创作。

图8-13　展示作品

④请幼儿把完成的礼品盒进行展示（见图8-13）并陈列在为他们设置的陈列架上。

第四阶段：拓展延伸

鼓励幼儿用手、脚或身体印画，用各种材料和线条进行装饰或添画。

（3）活动反思：

教师为3—4岁的幼儿创设了制作美丽盒子的美术活动，将活动重点放在玩色游戏与装饰活动上，通过提供不同色彩、不同形状的印章、即时贴以及不同的颜色，引导幼儿通过粘贴创意和涂抹绘画，装饰出自己心中所要呈现的美丽盒子。用即时贴粘贴和用笔涂抹等简单易操作的活动方式符合3—4岁幼儿的年龄特点。幼儿通过这些方式尝试在纸盒的不同位置进行粘贴、涂抹，既创造了作品，也使手部小肌肉群和动作的协调性得到了锻炼，活动中教师在尊重幼儿自由创作的同时，应及时观察指导幼儿，努力使他们的作品色彩鲜艳、图案各异，让他们在享受活动快乐的同时，体验到完成作品后的成功感。

活动二（4—5岁）

（1）活动目标：

①积极地投入彩绘活动，萌发对绘画的兴趣。

②尝试运用色彩组合法表现自己的想法，尝试围绕主题进行艺术创造。

③培养动手能力和想象力。

（2）活动实施：

第一阶段：收集灯笼

①请家长协助幼儿观赏和收集各种灯笼，如：彩绘的、剪影的、立体装饰的灯笼。

②教师与幼儿共同将收集到的灯笼悬挂布置成"漂亮的灯笼"主题空间。

③幼儿观察欣赏、自由交流，加深对各种灯笼的印象。

第二阶段：自制灯笼

①展现不同的空白灯笼以及创作成品，幼儿观察和构思自己的创作方法。

②幼儿在空白灯笼上大胆尝试用点、线、面等彩色颜料来创造各种不同的灯饰，教师鼓励幼儿与同伴商量、合作，设计出不同的灯笼。

③教师观察指导，重点引导幼儿大胆尝试在不平整的物体表面进行绘画。

第三阶段：欣赏灯笼

①同伴之间相互欣赏创作的灯笼，教师请幼儿讲述自己的创作意图。

②教师观察，适时给予幼儿指导和鼓励。

③幼儿二次创作，完善作品。

④教师协助幼儿把作品悬挂起来,美化幼儿园的整体环境(见图8-14、图8-15、图8-16)。

图8-14 丰富的创作材料

图8-15 我的灯笼真好看

图8-16 我创作的灯笼

第四阶段:拓展延伸

与语言区的内容结合,鼓励幼儿以"猜灯谜"为主题自创绘画灯谜,将猜灯谜与创作灯笼的活动进行结合。

(3)活动反思:

幼儿常常需要在不同平面的物体上进行美术创作,为了使幼儿的美术创作内容更加丰富多彩,结合中秋节赏灯活动,教师在教室里悬挂各种各样的灯笼,引导幼儿观察和研究,从而为幼儿更好地表现与创作以灯笼为主题的美术作品打下良好基础。在"自制灯笼"绘画活动当中,幼儿能够基于观察和理解的灯笼色彩、外形等进行表达和表现。在装饰活动中,教师和幼儿一起讨论怎么协调地搭配使用颜色,怎么通过点、线、面的组合使画面更为丰富等问题,鼓励幼儿大胆实践,让幼儿在灯笼上大显身手。但是,由于幼儿在颜色的搭配及运用上经验不足,会出现用色单一、色彩不够协调、画面不够干净等问题,因此,教师在提供颜料时要有整体观,科学地提供色彩,把握好作品的色调,如:选择几种适宜使用的色系,在同一色系中,提供相对丰富多样的渐变色彩。这种方法既可以满足幼儿大胆尽兴地用色的需求,又能有效地调控整个画面的色调。幼儿在这样的美术活动中,也能够增加对色彩的认知,提高运用颜色的能力和审美判断能力。

活动三(5—6岁)

(1)活动目标:

①在与同伴合作绘画中,体验对称、变化等形式美。

②能运用对比色、同种色等多种配色方法,围绕主题安排画面,表现一定的情节。

③提高对色彩的感知及运用能力。

(2)活动实施:

第一阶段:参观与准备

①教师带领幼儿到美术馆欣赏名画,感受色彩的组合与变化。

②幼儿自由欣赏、分享参观美展的感受。

③教师激发幼儿创办彩绘乐园美展的愿望。

④教师请家长协助幼儿收集各种废旧材料,如:瓶子、盒子、白T恤、草帽、纸袋等。

第二节　建构与机械区

幼儿园的建构与机械区拥有充足的建构与机械材料,这些材料具有规则性、可操作性和灵活性的特点。幼儿通过有意识地堆积、拼插、排列、组合建构材料,主动进行各种认知建构,获得了感性经验和心理满足。建构与机械活动在发展幼儿的客体认知、激发幼儿的创造性以及提高幼儿解决问题的能力方面具有一定的积极作用。

一、建构与机械区内涵

幼儿园建构与机械区能够帮助幼儿发展建构能力和空间知觉能力,帮助幼儿认识物体的基本形状和数量关系。建构及机械材料能自由组合、重复使用,具有多变性、可塑性的特点,幼儿在变化多样的建构活动中,既能了解大小、高矮、对称、平衡、方位等基本概念,又能锻炼动作的协调性和准确性,促进想象力、创造力的发展,还能提高分工合作和共同进行建构游戏的能力。

幼儿建构的成品(如公园、医院等),可成为幼儿开展社会游戏的场所,增进区域间的联系。建构与机械区的材料非常丰富,其中包括可供幼儿自由组合搭建的大、中、小型的不同形状、材质的积木,还包括各种可以穿插拼接的塑料玩具(如雪花插塑、管状插塑等)。教师还可以收集整理大量的废旧材料以作为原始材料提供给幼儿,让幼儿根据实际需要,在搭建的过程中,将其作为配用材料有选择性地使用,如:教师可以投放纸箱、纸盒、瓶罐、木块等材料,丰富建构内容,且发展幼儿的创造力。机械类的材料(如各种组装材料,钉、锤、螺丝、钻孔机等工具),让幼儿在机械加工的过程中积累生活经验,提高动手能力,挖掘特殊的创造能力。幼儿园的建构与机械区适宜选在平坦开阔、交通便利的场地,材料和工具的摆放与使用要特别注意安全,教师需定期更换、清理材料。

二、建构与机械区目标

（一）区域总目标

①选择喜欢的材料并大胆地进行操作；乐于与同伴分工合作。

②学习各种搭建及拼装的操作方法。

③提高观察力、创造力和动手操作能力。

（二）各年龄段目标

1. 3—4岁

①喜欢建构与机械活动。

②大胆选择材料进行建构，掌握基本的操作方法。

③懂得爱护玩具，养成遵守规则的好习惯。

2. 4—5岁

①能选择不同的材料，并进行综合运用。

②能根据意愿或命题，尝试用平铺、搭高、围合等方法进行有目的的建构活动或机械活动。

③学会尊重同伴的观点和经验，形成初步的合作意识。

3. 5—6岁

①根据建构材料和主题，发挥想象，设计出多种多样的结构形态和建筑物。

②学习制订计划和分工合作，体会与同伴合作的乐趣。

③用多种方式表现、交流、分享建构的过程和结果。

三、建构与机械区活动主题网络图

建构与机械区活动主题网络图如图8-21所示。

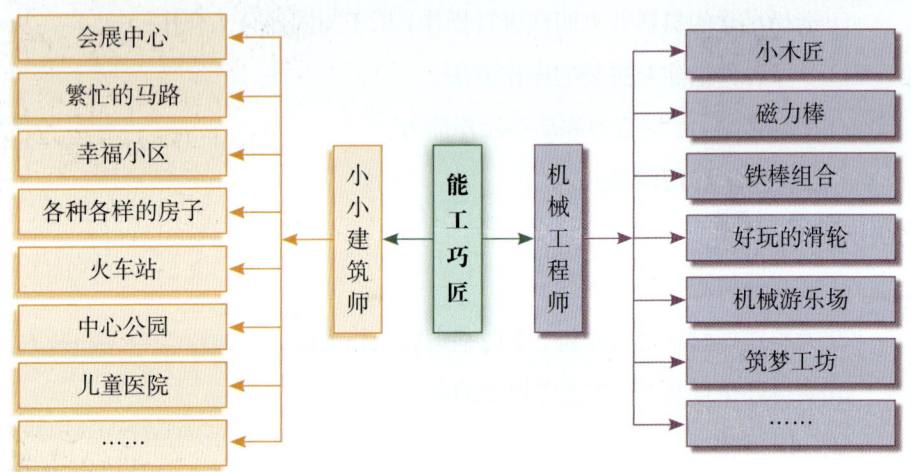

图8-21 建构与机械区活动主题网络图

四、建构与机械区活动实例

（一）主题"小小建筑师"之"各种各样的房子"

1. 设计背景

建构活动是幼儿自由、自主地利用各种不同的建构材料搭建生活中的各种物体造型的一项活动。在建构区的游戏中，幼儿根据自己的兴趣选择材料，进行操作，运用各种方法搭建自己感兴趣的物体，在直接感知、亲身体验中获得能力、经验和知识等。在垒高、砌接、围合等一系列动手操作的过程中，幼儿大胆地探索、想象、随意组合、创新。在自由、愉悦的氛围中，幼儿学会与他人协商、分工、合作，完成建构区的活动，并且分享作品、交流经验，表达感受，促进社会性发展，培养团体合作的能力、毅力和解决问题的能力，探讨周围生活中科学知识和科技带给人们生活的便利，在发展动手动脑能力的同

第八章 创意区域

时,实现个性的和谐、全面发展。

2. 环境创设

(1) 环境准备

在幼儿园选择一块空间较大的公共区域创设建构区,建构区可以单独设置,也可以与机械区一起设置(见图8-22)。

(2) 材料准备

建构区标识牌,积木搭建类玩具,积塑拼插类玩具,原木大型积木,橡胶砖,纸盒,交通标识牌,玩具小汽车等(见图8-23、图8-24)。

图8-22 建构与机械区环境

图8-23 各类建构材料

图8-24 各类插塑玩具

(3) 经验准备

幼儿具备搭建简单物体的经验,已熟悉各种积木和积塑拼插玩具的玩法。

3. 各年龄段活动指引

活动一(3—4岁)

(1) 活动目标:

①喜欢搭积木或参与建构区游戏,能够愉快地、持续地参加建构游戏。

②感知建构材料的特征,初步学习使用铺平、围合、搭高、拼插等技能搭

建简单的造型。

③发展小肌肉的灵活性和空间知觉。

（2）活动实施：

第一阶段：我会拼插

①教师带领幼儿参观建构区，了解各类积木和橡胶红砖，知道它们的摆放位置。

②鼓励幼儿自由建构，尝试运用已有的经验垒高、连接各种物体（见图8-25）。

③教师参与游戏，适时进行指导，提醒幼儿将接口处插紧、要拼插出物体的主要特征等，并鼓励幼儿坚持游戏，爱护自己和他人的作品。

图8-25　简单拼插组合

第二阶段：各种场景

①教师引导幼儿建构自己喜欢的造型。

②启发引导：怎样围合？

③根据生活中的各种场景，尝试用围合、垒高、延长等方法（见图8-26），丰富幼儿建构游戏的内容，如给飞机围建机场、将动物放进动物园里、给汽车修马路等。

图8-26　复杂围合与垒高

第三阶段：各种各样的房子

①确定搭建的主题，激发幼儿搭建各种房子的兴趣。

②观察各种房子的图片，说说生活中见过的房子，如平房、高楼等，引导幼儿加深对房子的印象，进一步了解房子的结构。

③幼儿自由选择材料，根据自己的意愿大胆地建构不同造型的房子。

④教师参与活动，从材料的搭配、建构的方法上给予指导，并提醒幼儿养成爱护玩具、及时归位等良好习惯。

第四阶段：拓展延伸

教师引导幼儿尝试把建好的房子组合成一座美丽的城市，并且添加马路、汽车等布置场景。

（3）活动反思：

3—4岁的幼儿在建构时，一般随意性较强，没有明确的目的。他们把积木或纸盒一块块地连接起来，一会儿搭得很高，一会儿接得很长，一会儿又将其拆掉，对自己要搭建什么没有预期的目标，只享受搭建的过程。教师应根据幼儿的特点，提供颜色鲜艳、形状整齐简单的积木或插塑——幼儿即使无意识地进行拼搭，也容易拼插成型，感受到完成作品的成就感。教师还应注重引导幼儿观察生活中常见物体的外形特征，鼓励幼儿大胆尝试，带着目标有意识地进行建构活动。幼儿在搭楼房的过程中，有的搭了一座像城堡一样的楼房，有的搭了一座很高的楼房，幼儿感受到建构楼房的乐趣，萌发了对建构活动的兴趣。

活动二（4—5岁）

（1）活动目标：

①养成爱护建构材料和建构成果的意识，初步体验与同伴合作建构的乐趣。

②运用对称、排列、组合、镶嵌等技能拼插较复杂的物体或进行主题构建，会合理地使用辅助材料。

③培养耐心、细致、有始有终的良好品质，发展丰富的想象力和空间造

人的相互交往，培养团结互助、合作分享的意识。社会理解区为幼儿提供了一个依据已有的生活经验进行再创造的环境场所。在区域活动中，幼儿学会了遵守游戏规则和社会秩序，这种态度与品质又会迁移到幼儿的实际社会生活中，发展幼儿的社会行为，培养幼儿良好的社会适应能力。

二、社会理解区目标

（一）区域目标

①乐意与人交往，学习互助、合作和分享，有同情心。

②理解并遵守日常生活中基本的社会行为规则。

（二）层次目标

1. 3—4岁

①想加入同伴的游戏时，能友好地提出请求。

②在成人的指导下，不争抢、不独霸玩具。

③能根据自己的兴趣选择游戏或其他活动。

④在成人的提醒下，能遵守游戏和公共场所的规则。

⑤在成人的提醒下，能爱护玩具和其他物品。

2. 4—5岁

①对大家都喜欢的东西能轮流使用、共同分享。

②与同伴发生冲突时，能在他人的帮助下和平地解决。

③活动时愿意接受同伴的意见和建议。

④敢于尝试有一定难度的活动和任务。

⑤感受规则的意义，并能遵守基本的规则。

3. 5—6岁

①活动时能与同伴分工合作，遇到困难能一起克服。

②与同伴发生冲突时能自己协商解决。

③能倾听和接受别人的意见，不能接受时会说明理由，敢于坚持自己的

意见。

④主动承担任务，遇到困难能够坚持而不轻易求助。

⑤理解规则的意义，能与同伴协商制定游戏和活动规则。

⑥能认真负责地完成自己所接受的任务。

⑦爱护身边的环境，注意节约资源。

三、社会理解区活动主题网络图

社会理解区活动主题网络图如图 8-30 所示。

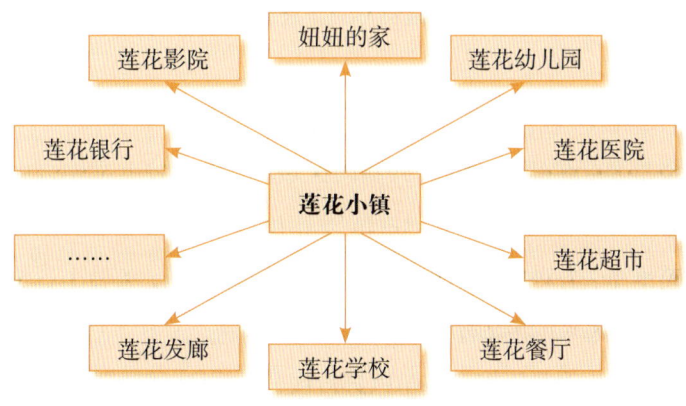

图 8-30　社会理解区活动主题网络图

四、社会理解区活动实例

（一）主题"妞妞的家"

1．设计背景

《指南》中指出，"幼儿的社会性主要是在日常生活和游戏中通过观察和模仿潜移默化地发展起来的"，建议"鼓励幼儿参加小朋友的游戏，邀请小朋友到家里玩，感受有朋友一起玩的快乐""幼儿园应多为幼儿提供自由交往和游戏的机会，鼓励他们自主选择、自由结伴并开展活动"。

"娃娃家"是孩子兴趣浓厚并且期待加入的游戏,常常能看到他们享受着游戏的快乐。因此,教师在社会理解区中设计了"妞妞的家"这一活动,围绕着"妞妞的家"这一主题活动,创设了"妞妞过生日""去妞妞家做客""我的家我做主"等与主题相关的系列活动,给全园幼儿提供了一个贴近生活的主题活动环境。"妞妞的家"中提供了各种仿真的小家具、小电器、小厨具等,还有小石头、小树枝等自然物和一些废旧材料,供幼儿用来当卤鸡蛋、蒸土豆、煮花生等的替代物;引导幼儿在宽松自由的游戏氛围中,模仿扮演家庭中各成员的角色及文明的小客人;提供交流交往的环境,丰富幼儿的生活经验,使幼儿体验到与人分享、交流的乐趣,感受与同伴游戏的幸福,发展幼儿的社会交往能力。

2. 环境创设

①环境准备:在幼儿园的公共室内区域中,创设一个宽松自由、温馨精美的"家"。

②材料准备:各种仿真的小家具、小电器、小厨具,各种小石头、小树枝等自然物,家长送来的废旧塑料瓶、包装盒等材料。

③经验准备:幼儿能够对各角色进行区分,并且了解其角色分工。

3. 各年龄段活动指引

活动一(3—4岁)

(1)活动目标:

①喜欢参与角色游戏活动,对游戏活动感兴趣。

②能用语言、动作再现自己对所扮演角色的认识。

③提高语言表达能力和动手操作能力。

(2)活动实施:

第一阶段:参观妞妞的家

①教师带领幼儿参观妞妞的家,知道妞妞家里有什么。

②引导幼儿认识"家"里的物品,知道它们的名称。

③了解娃娃家里各种物品的使用方法,能正确使用各种游戏材料。

第二阶段:娃娃家的生活

①了解娃娃家的日常活动情境,使幼儿获得相关生活的初步经验。

②幼儿分简单的角色到娃娃家,进行扮演游戏。

③引导幼儿回忆家庭生活情景,逐渐丰富游戏内容。

第三阶段:游戏开始

①教师引导幼儿确定自己扮演的角色:爸爸、妈妈、宝宝、客人等。

②幼儿进入区域开始游戏。

③教师引导幼儿回忆更多的生活经验,丰富游戏内容。

第四阶段:拓展延伸

增设小剧场,带客人去剧场看表演,增加生活经验,提高交往能力。

(3)活动反思:

"娃娃家"贴近幼儿的生活。幼儿已经具备相关的生活经验,因此,在游戏中,幼儿能够主动参与、积极互动,达到了预定的活动目标。但3—4岁的幼儿,由于年龄小,欠缺游戏的规则意识,与同伴间的互动相对比较少,没有合作的意识和经验,只关注自己的活动,往往容易发生争抢物品的现象。教师可引导幼儿多参与"娃娃家"活动,可以设计各种"娃娃家"的活动主题,如"宝宝生病了""过周末"等,使幼儿学习正确使用交往语言,增强互动意识,提炼生活经验,重现特定的角色语言和情节,延续游戏的趣味性和情境化的特点,例如,"爸爸妈妈"带着"宝宝"去买玩具、图书,带着任务参与超市购物。这样有利于培养幼儿大胆地与他人交流的能力,能够让幼儿体验到成功的喜悦。

活动二(4—5岁)

(1)活动目标:

①在游戏中体验与同伴合作交流的快乐。

②按自己的意愿装扮妞妞家,把家里装扮得整洁漂亮。

③培养独立解决问题的能力。

(2) 活动实施:

第一阶段:我的家我做主

①幼儿商量如何美化妞妞家的环境。

②鼓励幼儿自己设计美化妞妞的家,动手布置装扮。

③引导幼儿结合已有经验,大胆出主意、想办法,提出设计方案。

第二阶段:美化我的家

①幼儿分组并组织大家进行分工。

②幼儿分别制定各组的游戏规则。

③开展多种形式的活动:幼儿当设计师;幼儿当主人;老师当客人等。

④游戏中重点引导扮演主人的角色和"娃娃家"的"妈妈"一起将家设计整理得很干净、整洁、精美(见图8-31和图8-32)。

图8-31　美化装饰我的家

图8-32　干净整洁我的家

⑤结合"超市"等其他区域游戏,装扮顾客,购买物品美化我的家。

⑥在小结过程中,重点引导幼儿回忆美化我的家的过程、问题解决等情况。

第三阶段:拓展延伸

妞妞家的活动还可以与超市购物相互联系,如"爸爸妈妈"带着"宝宝"去超市购物等,丰富游戏内容。

（3）活动反思：

4—5岁的幼儿有了角色意识，也能按照既定要求履行自己的职责。为了巩固幼儿的角色意识和责任心，培养他们对家的情感，让幼儿开始美化家庭环境是非常有必要的活动。在活动过程中，教师可以以角色的身份进入妞妞家参与游戏，留意观察幼儿的表现，在幼儿遇到协调不好的问题时，及时疏导并给予帮助。游戏结束时，教师要带领幼儿收拾整理好妞妞家的物品，让他们珍惜自己的成果，为后续继续打造更好的家庭环境奠定基础。活动结束后，教师要和幼儿一起总结分享在妞妞家时的乐趣与遇到的问题，找出解决问题的方法。针对幼儿在活动中争抢角色的情况，教师可以建议幼儿分组轮流游戏，减少不必要的等待，帮助幼儿不断提高游戏的质量。

活动三（5—6岁）

（1）活动目标：

①在游戏中体验扮演自己喜欢的角色的快乐。

②熟悉角色活动区域的环境和规则，能遵守规则并与同伴相处。

③能大胆表达自己的想法，发展社会交往能力。

（2）活动实施：

第一阶段：角色确定

①幼儿尝试自主分工，明确自己的角色与职责。

②幼儿讨论游戏规则，重点引导幼儿了解"小主人如何招待客人"。

③教师明确游戏要求：有客人来家里做客，小主人要把家里打扫得干干净净。

第二阶段：开展游戏

①教师鼓励幼儿主动参与游戏，认真扮演好自己的角色。

②小客人来做客，小主人热情礼貌地招待客人。

③教师以角色的身份进入游戏，给予适时的引导，并记录好幼儿的游戏

水的特性，发展幼儿的触觉。

沙水活动可在空气清新、阳光充足的室外进行。为了让沙水活动更有趣，教师可提供必要的活动工具或辅助材料，如玩沙使用的小铲子、小桶、小耙子、筛子等，玩水使用的洒水壶、水球、水枪、小盆、小桶等，还可准备一些防沙、防水的保护衣和眼镜等，避免幼儿的身体受到损伤。沙水活动体现了幼儿自由玩耍的特点，没有固定的玩法，幼儿可尽情地感受与大自然的亲密接触，但教师要根据幼儿的需要提供适度的帮助，如：提供一些必要的活动主题或者具有创意的新玩法，同时注意保护幼儿的安全。

二、沙水区目标

（一）区域目标

喜欢沙水活动，感知沙水的特性，增强动作的协调性和灵活性。

（二）层次目标

1. 3—4岁

①获得有关水的流动、物体沉浮等经验。

②了解工具的名称、用途，掌握简单的操作方法。

③培养整理玩具的良好习惯。

2. 4—5岁

①获得有关水的溶解、渗透、凝固等感性知识。

②在沙水游戏中，区别干湿、冷热、粗细、多少、深浅等不同的概念。

③通过铲挖、拍打、倾倒、堆塑、筛滤等活动，发展大肌肉动作与小肌肉动作。

3. 5—6岁

①获得有关水的三态变化、循环等感性知识。

②用沙挖洞、筑造，增进空间概念和对事物的表征能力。

③在使用工具、协商角色的过程中，促进彼此之间的合作交流、分享互助。

④能创造性地进行沙水活动，激发探索精神，培养自主性，满足情感和情绪的需要。

三、沙水区活动主题网络图

沙水区活动主题网络图如图8-35所示。

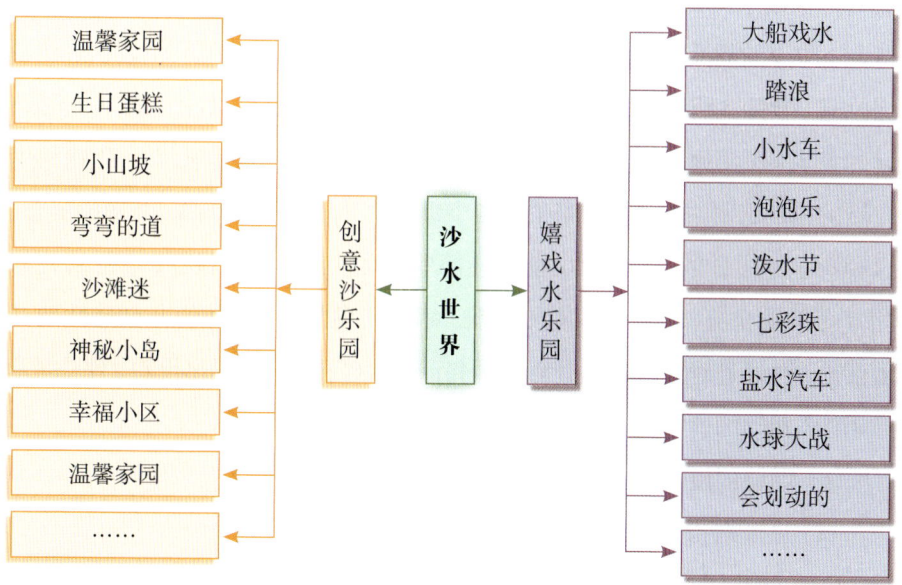

图8-35　沙水区活动主题网络图

四、沙水区活动实例

（一）主题"创意沙乐园"之"温馨家园"

1. 设计背景

玩沙活动符合幼儿的年龄特点，幼儿在玩沙活动中所表现出的无拘无束和全情投入，是幼儿童真童趣的真实流露。玩沙满足了幼儿好奇、探索、希望尝试的愿望，幼儿通过玩沙还能有效地提高双手触觉的敏感性和动手能力。幼儿的玩沙活动离不开盖房子、挖地下隧道、堆小山这些基本内容。幼儿在玩沙子时，最常见的方式就是堆砌沙子以修建房屋高楼，这是最贴近幼儿认知经验的、幼儿最感兴趣的内容，因此，教师选择确立以构建"温馨家园"为主题的玩沙活动。针对不同年龄阶段幼儿已有的学习经验和动手能力的不同，教师提出了不同的造房子要求。如：3—4岁的幼儿，建立玩沙常规，学习使用简单模具压造出楼房造型；4—5岁的幼儿，可收集使用更为丰富的辅助材料与玩沙工具，预先讨论确定设计图，再分工合作，完成"幸福小区"的建造；5—6岁的幼儿，围绕主题"温馨家园"设计方案，安排系列活动。活动层层推进，教师先组织幼儿参观各种楼房模型和城市规划设计图，在玩沙时鼓励幼儿大胆运用堆砌、挖掘、倒模、拼接等方法建造"温馨家园"，巧妙利用自然的辅助材料进行装饰，完工后各小组的幼儿相互观摩作品，并摄影留念。这种有主题设计的玩沙活动，能够使简单的玩沙活动更有目标，增强幼儿的相互合作与交流，提高幼儿克服困难、解决问题的能力，使幼儿创造性地开展活动，并通过对活动过程进行总结和评价，对下次活动提出设想，使"创意沙乐园"活动的内容更加丰富、生动。

2．环境创设

（1）环境准备

①在幼儿园户外场地选择一块空气流通、靠近水源的地方设置沙水区（见图8-36）。

②沙子经过过滤、清洁，保证幼儿使用安全。

③在天气干燥的情况下，孩子进行玩沙活动前要适当洒水，保持沙子的湿度。

（2）材料准备

①玩沙工具：铲、水

图8-36 公共玩沙区域

壶、模具、漏斗、盆、桶等（见图8-37）。

②辅助材料：各种瓶子、盒子、鹅卵石、树枝、叶子等。

(3) 经验准备

幼儿已感知过沙的特性，有玩沙的经验。

图8-37　丰富的玩沙工具

3. 各年龄段活动指引

活动一（3—4岁）

(1) 活动目标：

①体验在大自然中玩沙的乐趣。

②感知沙子松散的、细细的特性。

③能大胆运用常用的工具进行玩沙活动。

(2) 活动实施：

第一阶段：细细的沙子

①教师和幼儿一起光着脚丫到沙池中踩一踩、跳一跳，尽情地玩耍（见图8-38）。

②鼓励幼儿徒手玩沙：用手捧、捏、堆、拍等，感受和体验沙子柔软、细腻的特性。

第二阶段：形形色色的工具

①介绍沙池的设施，知道它们的位置及功能。

②了解各种玩沙工具的名称、

图8-38　师幼一起玩沙子

②幼儿大胆选用各种材料和工具，尝试用堆山坡、挖湖泊等方法修建幸福小区。

③幼儿探究如何运用各种工具和辅助材料等在沙池中完成作品，教师提醒幼儿爱护自己和同伴的作品。

④教师鼓励幼儿用收集来的辅助材料进一步美化幸福小区，如：用砖块建小区的围墙、用树枝做家园的绿化带……

⑤幼儿相互参观、展示自己和同伴的作品。

⑥在评议活动中，教师引导幼儿学习评析在游戏中与同伴分工合作、材料的综合运用等情况。

第四阶段：拓展延伸

教师鼓励幼儿在已有经验的基础上，在沙子中大胆加入水，探索湿沙的各种玩法。

（3）活动反思：

玩沙是幼儿非常喜爱的一项活动，教师应当保护好幼儿的主动性、积极性，为幼儿创设一个安全、自由的环境，不要给幼儿太多的约束，让幼儿真正成为活动的主人。4—5岁的幼儿在完成"幸福小区"沙雕活动时，已经具备了初步的合作与分享意识，教师在活动中可重点引导幼儿怎样分工，幼儿自己就会明白自己的职责。在最后使用辅助材料（如小石头、树枝、木条等）进行加工装饰时，幼儿看到即将完工的家园非常兴奋，他们把自己看到过的小区环境和设计创意移植到沙雕作品当中，体会到了合作的愉快和创作的快乐。当教师把幼儿完成的"幸福小区"拍照打印并张贴在幼儿作品栏中时，幼儿感受到了成功的喜悦，增强了自信心，他们纷纷议论，并对下次的建造房屋活动提出了新的构想。教师也对幼儿的这次合作创造活动进行了评价和总结，鼓励幼儿在已有的玩沙经验的基础上，大胆加入新的元素，探索挖掘更多的玩法。

活动三（5—6岁）

（1）活动目标：

①感受与同伴合作玩沙的乐趣。

②学习将沙和水结合，分工合作完成作品。

③提高创造力和想象力。

（2）活动实施：

第一阶段：参观布展

①教师请家长带幼儿到城市规划展览馆，参观各种模型和城市规划设计图。

②幼儿回家用绘画或照片的形式将参观见闻记录下来。

③教师协助幼儿将带来的资料布置成展板，幼儿自由观看并交流参观见闻。

第二阶段：设计方案

①幼儿围绕主题"温馨家园"大胆畅谈自己的想法。

②教师协助幼儿在众多的方案中评选出合理化的创意，制订具体计划。

第三阶段：温馨家园

①幼儿分组商量，选出负责的小组长，分配各自的任务。

②幼儿自由选择工具进行创作。

③教师鼓励幼儿大胆运用堆砌、挖掘、倒模、拼接等方法建造温馨家园，巧妙利用自然的辅助材料进行装饰，提醒幼儿挖掘的沟渠要深一些（见图8-42），完成后再慢慢将水灌入沟渠中（见图8-43）。

图8-42 挖掘出的深深沟渠

图8-43 往沟渠中缓慢注水

④参观各小组的作品,并摄影留念。

⑤在评议活动中,教师重点引导幼儿学习评析沙水结合、小组合作互助等情况。

第四阶段:拓展延伸

鼓励幼儿想象、制作其他沙土造型,如神秘岛、城堡等。

(3)活动反思:

5—6岁的幼儿已经积累了较为丰富的生活经验,有了对事物独特的见解,他们已经能承担一些简单的任务,愿意为集体和他人做事,有了一定的责任意识。幼儿经过共同讨论、前期准备,确立了主题为"温馨家园"的玩沙活动。在建造"温馨家园"的玩沙活动中,幼儿在活动前能与同伴商量制定设计方案,达成共识;在活动过程中,幼儿能够按照设计意图分工合作,有目的、有计划地进行创作,并大胆表达个人的意愿、情感、见解,根据实际需要选择合适的工具进行加工制作,有创意地进行活动,最终共同完成"温馨家园"的创作。在这次活动中,幼儿大胆地将沙和水结合,创作出家园中的水景;还向下挖掘沙土,做出地下车库;利用树叶、干花、玩具座椅模型等,装饰加工出家园中的休闲地带等公共区域。幼儿较好地将设计图实景再现,还添加了新的内容。通过创作"温馨家园",幼儿丰富了玩沙时的想象力与创造力,提高了动手能力、分享合作能力,幼儿在与沙、水等自然材料的亲密接触中,增长了才智,得到了很好的锻炼。

第九章

延 伸 区 域

本书呈现的区域课程设置了预备区域、基本区域、创意区域以及延伸区域四大类型。前三大区域的材料目标与内容是根据不同年龄段末期幼儿大致可以达到什么发展水平提出的合理期望而设置，是幼儿在区域活动中的"必修活动"，可促进他们全面且快乐的发展。但不同幼儿的发展速度和到达某一水平的时间不完全相同。为充分尊重幼儿发展进程中的个别差异，满足幼儿的特殊需要和发展，教师可设置专门的研究区域——延伸区域。延伸区域是幼儿在区域活动中的"选修活动"，促进幼儿个性化且差异化的发展。延伸区域包括拓展区和特别研究区两个活动区域：拓展区是对问题的延展性探究，特别研究区是对问题的专项研究。

第一节　拓展区

拓展区是为有特殊需要的、有独特兴趣的幼儿获得进一步发展而设立，拓展区既成为幼儿进一步探索区域的平台，也成为区域活动与主题活动对话的平台。当教师发现幼儿在主题活动中有个性化的研究需求时，可以将其转化为可操作的物化材料，设置与主题活动相关的区域，从而满足幼儿发展中的不同要求。

一、拓展区内涵

拓展区为幼儿提供了进行延展研究的区域，在幼儿自主选修的研习过程中，教师依据幼儿选修的"课题"，全方位地分析和挖掘该课题的特点、适宜载体和幼儿的实际发展需要，使幼儿能从不同角度、通过不同方式对自己感兴趣的问题进行综合体验和研究。这一"课题"一般来源于幼儿的主题研讨活动，并与主题活动密切联系、相互支撑，共同促进幼儿的发展。当教师发现幼儿在主题活动中需要了解的关键知识点、难点以及幼儿感兴趣的问题时，就可将其转化为可操作的物化材料，设置与主题活动相适应的主题拓展区，也可将部分操作材料投放至适宜的其他区域，拓展区域之间的横向联系。幼儿在不同区域针对同一研究主题设计制作的作品或探索研究的成果，还可以成为主题分享交流的话题或推动主题发展的载体，这加强了主题研究的纵深发展，兼顾了幼儿个体与整体发展的需要。

二、拓展区活动案例

（一）案例一：世界真奇妙

1．适宜年龄：5—6岁

2．设计背景

幼儿自升入大班后，了解与探索外界的求知欲望有了较大提升，同时对已有知识的深度与广度也有了进一步探究的新需求。当班级幼儿在操作社会区投放的新材料"世界地图嵌板"后，他们提出了"美洲有哪些国家？""这些国家有什么？""这些国家和我们过一样的节日吗？"等许多新的问题。结合《纲要》中社会领域的内容与要求，我们根据幼儿的需要投入了许多新材料，也设计了一系列的新活动，引导幼儿了解世界各国、各民族的文化，感知文化的多样性与差异性，逐步建立理解、尊重、平等的态度。

3．活动目标

①了解世界各国的文化，感受文化的多样性。
②用不同的方式大胆表现并尝试用自己的方式进行记录。
③引发探索世界文化的欲望，以及爱世界、爱和平的情感。

4．资源收集

①请幼儿收集关于世界各国风土人情的图书、实物及影像资料。
②收集各种纸质材料、布质材料、毛线等材料，用于幼儿的手工制作。
③请家长协助幼儿制作"各国服装"，并了解服装背后的文化，用于各国

服装秀活动。

5．材料投放

（1）预设的材料

教师在预设和开展"世界真奇妙"主题活动的过程中，依据大班幼儿的思维、学习和兴趣特点，并根据该主题涉及的地域、历史发展等关键知识点，在拓展区中先后投放了如下材料。

①艺术领域：服装制作、工艺品制作、各国音乐欣赏、中西方乐器（见图9-1）等。

②社会领域：西方节日（见图9-2）、世界之最等。

③语言领域：各国文字、小民谣等。

④健康领域：西餐礼仪（见图9-3）、各国体育游戏、各国美食等。

图9-1　中西方乐器

图9-2　西方节日

图9-3　西餐礼仪

幼儿的手工制作。

5. 材料投放

(1) 预设的材料

该主题活动的产生源于幼儿的真实生活经历。国家"青山绿水"工程使生态环境日益优化。在户外生活中，幼儿随时可以看到各种不同类型的小鸟，观察到不同形态的小鸟的活动、外形，这些生活经验使幼儿对小鸟有了一些初步的了解。为了满足幼儿的进一步需要，教师需要有目的、有计划地提供促进幼儿发展的活动材料。因此，教师从促进幼儿语言、社会、科学、艺术等方面的发展着手，采用贴近幼儿生活经验的表演、绘画、创编、制作等活动形式，陆续设计、投放了与主题有关的以下活动材料（见图9-8至图9-16）。

①科学领域：鸟的嵌板、胎生和卵生、认识小鸟、小鸟与人等。

②数学领域：鸟妈妈的蛋、鸟儿吃虫等。

③社会领域：小鸟的家、我爱小鸟等。

④语言领域：鸟家族、古诗《绝句》、关于鸟的故事等。

⑤艺术领域：芭蕾舞剧《天鹅湖》，歌曲《小燕子》《我就是小鸟》，五彩纸鹤、五彩复活蛋、小鸟画册、创意鸟巢、羽毛工作坊等。

图9-8　各类鸟蛋制作材料

图9-9　羽毛树枝制作材料

第九章 延伸区域

图9-10 树枝树叶陈列架

图9-11 可爱的小鸟

图9-12 各种各样的小鸟窝

图9-13 等妈妈归来的小鸟

图9-14 小鸟的窝

图9-15 蛋宝宝们

图9-16 想飞的鸟

（2）生成的材料与活动

"我的小鸟朋友"主题活动来源于生活。随着主题活动的深入，孩子们对探索活动有了个性化的需求，有一部分幼儿对鸟窝、小鸟宝宝有了特别的兴趣，在同时继续深入原有活动探索的同时，我们又特别设置了有关这一主题的拓展区，满足这部分幼儿的需要，旨在通过拓展区的环境及材料，促进幼儿差异化的发展。

在准备开设拓展区期间，大班幼儿的自主性发展相对成熟，教师引导这些有共同兴趣的幼儿共同参与区域的创设及成长，下面记录教师与幼儿在拓展区中共同讨论、协商、完成区域创设以及部分活动过程的记录。

①讨论、设计。几名幼儿在一起说自己与家长一起到公园看到树上有许多鸟窝，还看到有鸟来回飞出飞进鸟窝，家长说：那些飞出飞进的鸟儿是爸爸妈妈，窝里面有它们的小宝宝，它们在捕虫喂养小鸟宝宝。当幼儿变得特别高兴时，向教师提出了研究鸟蛋和制作鸟窝的请求。针对请求，教师及时加入了幼儿的讨论，并提出：我们需要收集什么材料来完成你们的想法呢？

②收集材料、寻求帮助。教师在创意区域增加了材料柜和作品展示柜，幼儿、教师、家长共同合作进入了收集材料的过程，教师为幼儿准备纸张、绘画工具、颜料等材料，幼儿按照自己对鸟蛋和鸟窝的构想寻找，和家长一起收集并带来了各种树枝、毛线、竹篮等材料，同时大家一起共同收集了许多有关鸟窝、鸟蛋的书籍。

③完成制作、分别呈现。当所有准备工作完成后，有研究兴趣的幼儿开始进入区域活动，他们根据区域中的书籍，前期与教师、家长的讲论、沟通等获得的经验，按自己的构思开始了区域探索与研究。在这一主题拓展区的活动中，有的幼儿独自探索，有的幼儿合作探究。当幼儿在活动中有了自己满意的作品后，他们随时放到区域作品展示柜上进行呈现，教师也帮助他们将作品进行有艺术设计的组合和呈现，使他们更好地体验成功的快乐。

④引起关注，形成群体共需。

随着拓展区作品逐渐增多，区域快乐的氛围引发了更多幼儿的探索兴趣，慢慢地，班上越来越多的幼儿带来了材料，加入拓展区的活动。拓展区由个性需要走向共性需要，增加了主题的丰富性和全面性。

6．活动回顾

在"我的小鸟朋友"的主题探究过程中，幼儿一直沉浸在对小鸟的新的认识这些话题中。他们积极主动地搜集各种有关小鸟的资讯，在相互分享交流中感受小鸟的奇妙，了解小鸟与人类的关系。幼儿对每一份区域材料都充满了好奇，通过说说、做做、画画、养养、演演等形式，探索小鸟生命的奥秘。

小鸟的题材看似比较小，但能引申出比较丰富的内容。在拓展的内容上，教师以幼儿的兴趣点为指引，将主题内容与区域各领域进行有机结合，分别从科学、艺术、语言、社会等不同方面为幼儿提供丰富且多元的区域材料，引发幼儿通过绘画、工艺、音乐、表演等多种表征形式，将他们对小鸟的关注与喜爱之情，通过艺术表现的形式自然地展现出来。在艺术表现的过程中，教师抓住了幼儿所表现出的愉悦感和对小鸟的爱怜之情，引导幼儿思考如何更好地爱护小鸟，我们能为保护鸟类、保护自然环境做些什么，从而引发幼儿更深层次的讨论和探究。幼儿关心、爱护小鸟的意识油然而生，从我做起、不破坏自然生态、人文关怀和保护自然资源的观念将深深地扎根在他们幼小的心灵中。

通过对拓展区的研究，我们发现，拓展区既是其他区域的延伸，更是与主题活动相辅相成、共同成长的。拓展区的内容和材料，源于幼儿逐渐变化的兴趣和能力，也源于幼儿所研究的主题和对主题更深层次的探究需要。从主题这一分支来看拓展区，可以发现材料的丰富有可能促进原主题在原方案的基础上拓展出新的支线，衍生出新的主题内容，并使主题活动更贴近幼儿的生活，真正地满足幼儿的需要，从而更好地实现主题活动中预设部分与生成部分的统一。在拓展区进行独立或合作性的探索与研讨，能够促进幼儿对该主题活动的理解与深度挖掘，提升幼儿发现问题、解决问题以及思辨的能力。

第二节 特别研究区

特别研究区是为幼儿自己生成的或者特别感兴趣的"课题"提供的进行专门研究的活动区域，幼儿可以在教师的指导和支持下，针对个人需求搜集信息、量身定制、寻求答案。开展特别研究区的活动，在于让幼儿体验探究的过程、了解研究的方法以及增强解决问题的能力。

一、特别研究区内涵

特别研究区是特别的"个性化研究"，所研究的内容，有的来源于班级开展的综合主题活动；有的来源于近期阅读的书籍或故事产生的话题，幼儿想要寻找故事背后蕴藏的知识或秘密；更多来源于幼儿的实际生活，例如，幼儿在日常生活（谈话、绘画）等活动中，很自然地表现出他们对某个特殊物品（如最近的流行玩具陀螺）、某个地点（幼儿园邻近的理发店）、某个热点新闻（如北京奥运会）的兴趣。幼儿通常会通过向教师提问题、与同伴交流，要求给予更多时间了解该热点问题的相关资讯。教师应当及时把握住这些契机，关注幼儿的想法，并创造条件满足幼儿的特别需要。设置特别研究区的目的在于促进幼儿的个性化发展，为幼儿提供特色研究的领域和场所。

二、特别研究区活动案例

（一）案例一：汽车总动员

1. 适宜年龄：4—5岁
2. 设计背景

汽车是幼儿在生活中常常见到和使用的交通工具，和幼儿的实际生活密切相关。喜欢汽车似乎是男孩的天性，几乎每天都有小朋友带来各种各样的玩具汽车和有关车辆的图书，各种汽车以其鲜艳的色彩和独特的外形吸引着幼儿的注意力，同时，不同车辆所具有的不同功能也是幼儿非常好奇的方面。在餐后活动中，我常常能看到幼儿带来自己家中的玩具，三三两两聚在一起，交流信息与游戏感受。随着喜爱程度的提升，幼儿产生了研究汽车的特别需求。为满足幼儿对"汽车"进一步探究和交流的需要，因此，开展了"汽车总动员"的活动。

3．活动目标

①观察、发现并认识各种不同车辆的明显特征和功能。

②运用多种感官，对玩具汽车进行多少、大小的比较和排序。

③在活动中运用多种材料表现对汽车的认识，提升创造力与表现能力。

4．资源收集

①收集各种款式、颜色、功能的汽车玩具和汽车图书，丰富区域材料。

②收集纸盒、泡沫、圆盘等各种废旧材料，方便幼儿进行手工拼搭和制作。

③在教室里布置墙面环境或创设"车展"区，通过环境和氛围的变化，引发幼儿的兴趣。

5．材料投放

随着认知能力、动手能力等多方面能力的提高，中班幼儿在区域活动中，喜欢自己构思和动手创造作品。在"汽车总动员"活动中，教师根据幼儿的这一年龄特点，提供了大量半成品材料，幼儿通过与材料互动、探究，尝试制作出生动有趣的汽车。另外，结合不同种类的汽车在外形、色彩、大小、功能、结构等方面的特点，教师在各个区域中陆续投放了以下活动材料。

①建构领域：建构停车场、繁忙的马路（见图9-17）、我设计的洒水车（见图9-18）等。

②艺术领域：我喜欢的卡通车（见图9-19）、各种各样的私家车（见图9-20）、美丽的车轮画、喷漆小能手等。

②收集幼儿与家长拍摄的光影照片,在班级集中展示。

③鼓励家长在节假日带孩子在自然中探索各种光影活动,丰富幼儿的光影知识与经验。

5. 材料投放

①科学领域:叠叠五彩光、光与色彩水、光透过来了(见图9-23至图9-25)。

②社会领域:光与人的生活、灯光秀、光与植物等。

③美工领域:阳光下的植物影子、阳光下的我等。

④语言领域:皮影故事、影子的故事等。

⑤健康领域:踩影子游戏、影子变变变等。

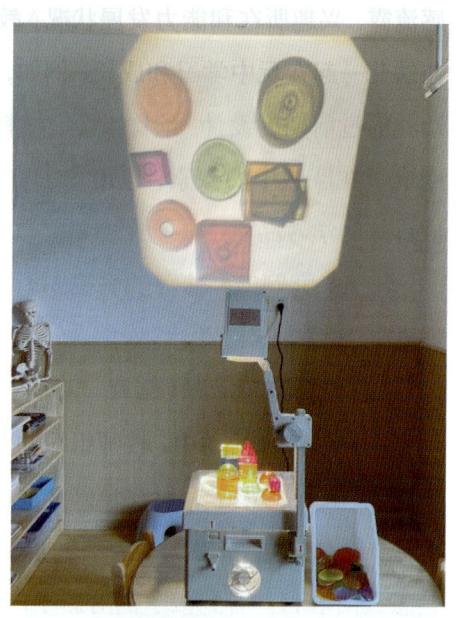

图9-23 叠叠五彩光

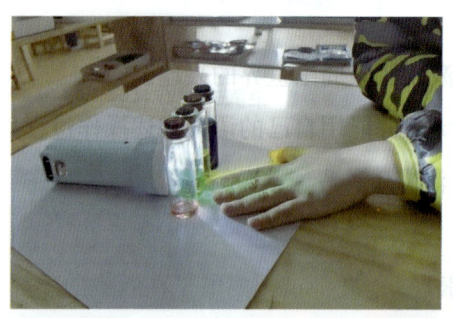

图9-24 光与色彩水

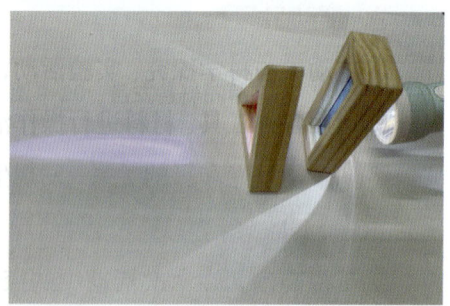

图9-25 光透过来了

6. 活动回顾

本次光影探索活动采用了区域与主题共同推进的方式。在主题活动中，幼儿通过共同探索，充分利用室内外空间环境中的自然光源与人工光源，以合作的形式发现并了解光的变化、光的作用、光与人的关系等多方面的知识，从而获得有关光影方面的初步经验。区域探索则以个别探索为主，主要通过提供推动幼儿前期经验继续发展的支持材料，让幼儿在区域中通过自主、专注且持续地探索与研究，使幼儿获得持续发展。

通过本次特别探究，幼儿各方面都得到了较大的发展，特别是幼儿在探索问题的过程中的方法运用能力，通过活动有了进一步提升。例如，幼儿发现光有时能透过物体，有时却不能透过物体，最后经过研究验证，原来不是光能透过物体，而是有的物体是透光的，而有的物体不能透光。在发现、疑惑、验证、获得结果的过程中，幼儿的学习方法逐渐得到改善，幼儿的学习能力有了进一步的提高。

在特别研究区中，我们主张让幼儿有较高的自由度，教师进行较低水平的组织与控制（教师主要负责观察、了解和掌握幼儿的操作情况，并为调整下一步活动所需的材料做准备）。在整个活动过程中，自由选择、自主探索和交流分享这些环节应该都由幼儿发起和结束，教师只在一旁对幼儿进行观察，并在幼儿邀请或应允下参与和给予帮助，让特别研究区真正成为幼儿发挥个性和优势智能的活动区域。

后　记

　　从2000年开始，深圳市莲花二村园作为北京师范大学霍力岩教授主持的国家教育部"九五"课题"借鉴蒙台梭利教育活动全面提高素质教育"、教育部"十五"课题"多元智力理论与幼儿教育改革"的实验基地，在霍力岩教授持续深入的指导下，坚持"以我为主，他为我用"的基本思路，走吸收、融合、发展之路，探索区域活动在中国发展的新思路和新模式。

　　在课程建构的道路上，王微丽园长引领我园教师扎实开展实践研究，全面实现区域个别教育的中国化与本土化。2005年开始，深圳市莲花二村幼儿园所建构的课程在我国内地、香港及东南亚等华人地区影响日甚，温馨的区域环境、丰富的区域材料、科学的教学经验让来园嘉宾为之惊叹并探赜索隐，也是本书中大量鲜活素材的原型。2014年，凝聚专家与我园教师多年的智慧与心血，将专家的理论转化为实践的成果物——课程总结专著《幼儿园区域活动——环境创设与活动设计方法》完成并出版。弹指一挥间，七年过去，该书重印数十次，在行业中影响甚广。七年里，我园的区域课程也在前行中不断优化与提升，区域课程经验更为完善与科学，重新梳理总结这些优质课程经验，将其完善并纳入《幼儿园区域活动——环境创设与活动设计方法》一书，可为行业呈现更有借鉴意义的优质经验，为"幼有善育"尽我们的微薄之力。

　　在本次改写书稿的过程中，我们在《幼儿园区域活动——环境创设与活动设计方法》第一版的基础上，对书稿70%左右的内容进行了重新书写与修改，在此过程中，何红漫完成了第一章至第五章文字的重写与修改；刘隼、叶际明完成第六章与第七章的重写与修改；卓瑞燕、戴文婷、莫少毅、何红漫完成第八章与第九章的文字重写与修改；最终定稿由王微丽、何红漫共同整理与审校。

　　在本书在重写与修改过程中，感谢中国轻工业出版社"万千教育"编辑部吴红老师全程支持与指引；感谢第一版参与者何红漫、刘隼、成伟丽、邓丽霞、黄飞舟、游咏梅、范莉、卓瑞燕、姜岩、戴文婷、石金霞、叶际明、张艳茹、郑宇妍、赵文琪、胡敏、骆颖婕、饶映灵、聂晓慧、高虹、秦小萍、曾立群、刘芳、葛馨、杨松青、熊丽莹等教师的付出；感谢2021年10月开园的深圳市光明区科裕幼儿园（深圳市莲花二村幼儿教育集团所属成员园），他们以《幼儿园区域活动——环境创设与活动设计方法》为蓝本创建课程，并在一年内高效推动课程发展，促进了本课程的高点起步与优质落地，实现了在本区域课程模式的基础上进行创新突破，从而形成具有自己特色的新课程。在改写本书过程中，因深圳市莲花二村幼儿园园所重建，我们能够在他们的课程现场获得真实的资料并进行超越。在他们为本书提供了第一章至第五章大部分的环境照片，以及第八章与第九章的大部分案例与案例照片，他们的无私奉献使本书得以顺利完成。也让我们再一次看到本书所阐述的区域课程所具有的可借鉴性、可推广性以及可复制性！

在本书的写作过程中，我们尽了最大的努力，但由于水平所限，本书必定存在不足之处，恳请各位读者批评指正。

何红漫

2022年春

主要参考文献

[1] 爱泼斯坦. 学前教育中的主动学习精要——认识高宽课程模式[M]. 霍力岩, 等, 译. 北京: 教育科学出版社, 2012: 1.

[2] 霍力岩, 等. 幼儿园课程开发与教师专业发展——比较研究的视角[M]. 北京: 教育科学出版社, 2006: 97-165.

[3] 米勒. 米勒博士谈蒙台梭利教育原则及运用[J]. 早期教育(教师版), 2007(10): 22-24.

[4] 市丸成人, 松本静子. 蒙台梭利教育的比较研究与实践: 上卷[M]. 赵悌行, 译. 台北: 新民幼教图书股份有限公司, 1993: 133.

[5] 宋本立. 准确把握知识、技能、智力和能力的关系[J]. 甘肃教育, 1994(Z1): 31-33.

[6] BEATY J J. 幼儿的观察与评价[M]. 郑福明, 费广洪, 译. 北京: 高等教育出版社, 2011: 103.

[7] MONTESSORI M. The Montessori Method[M]. London: William Heinemann, 1919: 174.

[8] WOLF A D. 一间蒙特梭利教室[M]. 萧丽君, 译. 台北: 及幼文化出版股份有限公司, 2005: 91.